第二言語習得研究の科学
Second Language Acquisition Research 2

言語の指導

大瀧綾乃
須田孝司
横田秀樹
若林茂則
［編］

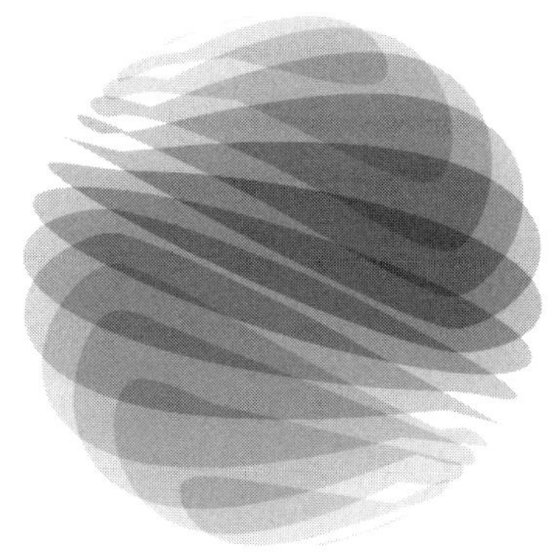

くろしお出版

第2巻　まえがき

本書は，第二言語習得研究の科学シリーズの第2巻「言語の指導」である。第二言語習得という研究分野は世の中にはまだあまり広まっていないようで，「日本人がなぜ英語ができないのか調べているんですよ」と自分の研究内容をわかりやすいように説明した（と思った）としても，「私は英語ができないんですけど，どうしたらできるようになりますか」と聞かれることがよくある。このようなやり取りが頻繁に起こる理由は，第二言語習得という研究分野があまり知られていないということに加え，多くの人が英語ができない理由として，英語の指導法や学習法に疑問を持っているからかもしれない。

確かに，教え方や学び方が英語の上達に大きな影響を与えている場合もあるかもしれないが，第二言語習得という研究分野は，言語の効果的な教え方や学び方を検証・提案することを第一義とはしていない。ある特定の教授法を使って半年間英語の授業を行ったところ，学習者のやる気がどんどん高まり英語の成績が向上した，というような研究は，第二言語習得研究で議論されるテーマにはならない。変化を引き起こす要因が多過ぎるため，実証的に検証することができないからである。

第二言語習得研究では，学習者に何かしらの指導や言語刺激が与えられたことにより，どのような要素がなぜ身についたのか，またはなぜ身につかないのか，明らかにすることを主な目的としている。この「なぜ」を解明するため，第二言語習得研究では，言語の理論的背景や学習者の心理的特徴などを説明した上で，仮説を検証していくことが重要になる。このような一連の研究を継続して行うことで，第二言語習得という研究分野が反証可能性のある科学となりえる。

本巻は9章で構成されているが，大きく2つのパートにわけることができる。前半の第1章から第4章までは，音や語彙，構文などに含まれる特定の要素に対する暗示的・明示的な指導の効果について検証している。明示的な指導とは，文法規則や音の違いなどを直接的に教えることであり，第3章で扱っている誤りを訂正するということも明示的な指導に含まれる。一方，暗示的な指導とは，特定の言語項目について意識的に教えるのではなく，学習者が言語に触れることによりある要素が副産物的に身につくことを意味する。

後半の第 5 章から第 9 章では，様々な指導法を紹介し，その将来性について議論している。第 4 章までのように指導の効果について仮説検証が行われているわけではないため，提案されている指導法を使って実際に指導を行い，特定の要素に関して筆者が予想している通りの効果が得られるのか，今後の研究の進展が待たれる。

各章は様々なテーマを扱っているため，目次を見て興味のあるテーマから読み始めてもよいが，研究対象者の年齢層を考慮して読み進めることもできる。ちなみに，小学生を対象としているものは第 5 章，中学生は第 6 章と第 7 章，高校生は第 4 章，大学生は第 1 章，第 2 章，第 3 章，第 8 章，第 9 章となっている。また，指導の効果の有無についていくつかの章を比較しながら読むこともお勧めしたい。例えば，音を扱っている第 5 章では，小学生には暗示的な指導はあまり効果がなく，明示的な指導が必要であると提案しているが，大学生を対象とした第 1 章では，プロソディーには暗示的な学習効果があると提案している。これから卒業論文に取り掛かる大学生などは，この 2 つの論文を比較し，異なる提案が行われた理由について検証してみても面白いであろう。また，紙幅の都合上，先行研究などが詳細に記載されていない部分もあるが，注に参照文献が記載してあるのでぜひ参考にしてほしい。

各章の最後には，「外国語教育に関わる人が知っておくべきポイント」と「執筆者から読者へのメッセージ」がある。研究論文にあまりなじみのない読者は，その部分に目を通してから本文を読んでもよいだろう。

本シリーズを通じ，第二言語習得という研究分野を適切に理解し，これからもより多くの人が母語や第二・第三言語の様々な側面に興味を持ってくれることを期待している。多くの要素が調査・検証されることにより，人間の能力の解明に一歩ずつ前進していくことになるだろう。

令和 5 年初春

第 2 巻　編者　大瀧綾乃

須田孝司

横田秀樹

若林茂則

目　次

1

英語音声の暗示的学習

―リズム音がもたらす効果―

杉浦香織

1. はじめに

リズムを用いた言語活動は，第二言語（L2）の音声教育で広く実践されている。しかし，その学習効果は十分に検証されているとは言えない。本章では，日本語を母語とする成人英語学習者（以下，成人英語学習者）が，発音する文に先行して，文のリズムパターンと一致するリズム音を復唱するという暗示的学習[1]により，リズムの発音のみならず，リズム以外のプロソディー[2]の発音も学習できるかどうかを検証した研究を紹介する。本結果に基づき，リズム音が英語音声学習にもたらす効果と成人英語学習者の音声習得における暗示的学習の可能性について考える。

2. これまでの研究

2.1 暗示的学習に焦点をあてる意義

L2 言語習得研究において，明示的学習と暗示的学習は広く議論されている[3]。明示的学習では，学習者が言語情報にある規則を意識的に学習するため，その規則を言語化できるとされている。一方，暗示的学習では，学習者が言語情報に注意を向けていてもほぼ無意識に規則を学習するため，学んだ規則を言語化できないとされている[4]。本章で特に暗示的学習に焦点をあてる

1　2.1 参照。

2　プロソディー（韻律）とは発話における音声学的性質で，リズム，アクセント（音の強弱），ピッチ（音の高低）などを指す。

3　明示的，暗示的指導・学習の研究動向については，白畑（2018）を参照されたい。

4　Ellis 他（2009, p.17）

理由は，暗示的学習により形成される暗示的知識[5]が記憶から取り出しやすいために実際の場面で使用しやすく，かつ長期保持されやすい，つまり，言語習得に有用である点にある[6]。一般に暗示的学習は年少学習者にとって有利であり，感受期[7]を過ぎた成人英語学習者にとっては限界があるとされている。しかし，感受期を過ぎた成人でもL2音声・音韻の暗示的学習が可能であることを示した研究も多くはないが存在する[8]。その一方で，成人英語学習者が，どのような方法で，どのような発音項目を暗示的に学習できるかについては検討の余地がある。

2.2　リズミックプライミング効果[9]

本節では，暗示的学習の効果について調査した先行研究のうち，音楽のリズム（音のかたまりが周期的に繰り返される時間的な秩序）を用いた学習により，学習者の音声学習（知覚・発音）が促進されることを示した研究に着目する。はじめに，なぜ音楽のリズムを用いることで言語学習が促進されると考えられるのか考えてみたい。心理学のDynamic Attending Theory[10]によれば，人間の注意は動的に変化するため，周期性のあるリズムを聞くことにより，リズムのタイミングをうまく捉える能力が高まることが知られている。この理論に基づけば，学習者は一定の時間間隔で生じる音楽のリズムを先行して聞くことで，後続で音声提示される英文のリズムを予測し，音声の際だった部分（例：強勢）に注意を集中できる。そのため提示された言語情報をより効率的に処理し，学習へとつなげることができるとされている。

5　暗示的学習は暗示的知識の習得を促進するとされている（小柳・向山, 2018）。

6　Ellis他（2009），太田（2008）

7　ヴァンパテン・ベナティ著，白畑・鈴木監訳（2017, p. 242）を参照されたい。

8　成人学習者でもL2音声・音韻の暗示的学習が可能であると示した研究として以下がある。Chan & Leung（2018）：音声提示された単語を聞いて復唱することで語彙強勢の付与の規則を学習；Graham & Williams（2018）：音声提示された単語を聞くことで語強勢の認識力が向上；Hori（2008）：シャドーイング（耳から聴こえてくる音声に遅れないように即座に声に出して繰り返す）によりピッチ幅などが向上。

9　プライミング効果とは，先行する刺激（プライム）の処理が後の刺激（ターゲット）の処理を促進または抑制する効果を指す。プライミング効果は無意識的な処理によって行われるのが特徴である。リズミックプライミングでは，先行提示されるリズムがプライムとなる。

10　Large & Jones（1999）

この仮説を実証している研究の一つとして，補聴器を装着したフランス語を母語とする聴覚障害児（14 名，平均年齢 8.72 歳）を対象とした Cason 他（2015）がある。本研究の目的は，先行して聞くリズム音が実験参加者の母語の音声産出（単語，音節，母音，子音の再生率）を促進させるかどうかであった。実験参加者は，まず，楽器で作成されたリズム音（弱弱**強**弱弱**強**[11]）を聞き，そのリズムのパターンを /ti/ と /**pa**/ の音で口頭再現した（/ti ti **pa** ti ti **pa**/）。続いて音声提示された文を即時復唱した。文のリズムパターンが先行のリズム音と一致する場合（一致条件）と一致しない場合（不一致条件）の文が各 30 文あり，参加者は各条件で各文を 1 回のみ聞いて繰り返した。その結果，不一致条件より一致条件の場合に正確な再生率が高く，リズム音が聴覚障害児の音声産出を促進させることが明らかにされた（リズミックプライミング効果）。また，この効果は先行リズムが無い場合（ベースライン）に文の再生率が低かった群で特に大きかった。

本先行研究では，先行して聞くリズム音が聴覚障害児の母語の音声産出を促進させるという暗示的学習の効果を示した。では，L2 学習者も同様の効果を得ることができるだろうか。

2.3　音楽のリズムを用いた L2 音声学習

本節では，音楽のリズムを用いた L2 音声学習に関する先行研究を紹介する。音楽のリズムを用いた暗示的学習の効果を検証した研究は少ないため，明示的学習に関する研究も含めて概観する。どのようなリズムの提示方法があるのか，また，どのような発音項目において，どのような L2 熟達度の学習者に効果的かに着目する。

まず，学習者がジェスチャーで示されたリズムを明示的に学習する研究[12]を見てみよう。本研究において，一つの群は教員が英文（例：<u>Ex</u>CUSE me, <u>what</u> TIME is <u>it</u>?[13]）を発音しながら強音節をジェスチャーで際立たせている映

11　「強」は強音を，「弱」は弱音を示す。

12　Gluhareva & Prieto（2017）。20 名の英語熟達度が中級のカタロニア人の大学生（平均年齢：19.3 歳）が実験に参加した。単語とともにイラストも視覚提示された。学習時間は約 7 分間。

13　大文字で表している強音節には大きなビート（拍）が，下線で表した弱音節には中程度のビートがジェスチャーで示された。ジェスチャーは，手を上下前後に動かすものであった。

像を見聞きした。他方はジェスチャーを見ずに発音のみを聞いた。両群の学習効果を比較した結果，ジェスチャーを見た群で発音評価が向上した[14]。

手拍子を用いた研究では[15]，一方の群は，教員が単語を発音しながらリズムのタイミングに合わせて手拍子する映像を見て，単語を即座に復唱した。もう一方の群は，教員が単語を発音する映像のみを見て，即座に復唱した。その結果，手拍子を見ながらリズムを明示的に学習した練習した群は，単語の最終音節（長さ）とリズムの発音が目標言語により近づいた。さらに，なまり度の評価も僅かながら改善された。これらの先行研究は，ジェスチャーや手拍子によって際立てられた音声情報（英語のリズム）を，学習者が頭の中で操作できる形式である音韻表象（心内の音声音韻のデータベース）に変換し，その形式を発音の際に使用できるようになったことを示唆している。

ジャズチャンツ[16]を用いた学習効果も明らかになっている。例えば，日本人大学生を対象とした研究では，強音節にビート音が付与されたジャズチャンツでリズム学習を行った群と，ビート音のないジャズチャンツで学習した群の発音学習の効果を比較した[17]。その結果，ビート音付きのジャズチャンツで学習した群が，未学習の教材においてリズムパターンをより正確に再生できることがわかった。なお，本研究では，提示される文のリズムパターンを明示した教材（例：● | ●○ | Who's going? 誰が行くの？）を使用しているため，学習者はリズムを明示的に学習していると考えられる。

学習者がリズムを明示的に学習するのではなく，単純にチャンツを繰り返す暗示的学習による効果を実証した研究も，多くはないが存在する。例えば，日本語を母語とする成人英語学習者を対象とした研究では[18]，参加者が英文テキストを見ながらビートの効いたリズムに合わせて歌を繰り返し歌っ

14　特に学習者が難しいと感じた英文において学習効果があった。

15　Zhang, Bailla, & Prieto (2020)。50 名の中国語を母語とする学習者（平均年齢：13.6 歳）を対象に未学習のフランス語を用いて実験を実施した。学習時間は約 10 分間。

16　語句や文をリズムに乗せて歌う。Graham (1979) が提唱したジャズ音楽のリズムに合わせながら英語の表現を歌う音声学習は世界中の教室に広く普及している。

17　中野・夏目 (2011)。参加者は 19 名の日本人大学生（年齢：23–24 歳）。学習は 1 日 8 分ずつ 5 日間行われた。

18　Kawai (2014)。参加者は 52 名の大学生と工業高等専門学校生であった。学習は週 1 回，15 分ずつ 5 回行われた。

た。その結果，英語のリズムにとって重要な強勢間[19]の長さがより英語のリズムに近づいた。さらに興味深いことに，リスニング力も向上した。つまり，チャンツを用いた学習がリズムの発音だけでなく，偶発学習[20]として音声理解の学習にも効果を及ぼすことが示唆された。また，同様の先行研究は，チャンツを繰り返す暗示的学習が，初級[21]や中級[22]の成人学習者にとって有効であることを明らかにしている。

上記の諸研究をまとめると，次のような有用な示唆を得られる。(1) リズムをジェスチャーや手拍子で提示した明示的学習と，チャンツを用いた暗示的学習は，ともにL2学習者の発音学習に効果的である，(2) リズムを発音学習に用いることで，リズムの側面のみならず，総合的な発音評価やリスニング力の向上にも有益である，(3) チャンツを用いた発音学習は，特に初級と中級の英語学習者において効果的である。

このような知見を得られているが，未解明な点も多くある。(1) リズム音のみを先行提示して聞かせ，リズムパターンを暗示的に学習した場合の効果は検証されていない。メロディーや歌詞などのリズム以外の影響要因を排除したリズム音を用いることで，リズムそのものが音声学習に与える効果を明らかにできると考える。(2) また，実験対象の発音項目がリズムの発音や全体的な発音評価に限られており，これら以外の発音項目にも効果的かどうかは未解明である。先行提示されるリズムが，直後に提示される音声のリズムパターンの予測を可能にし，学習者が音声項目に集中しやすくなるため，言語処理が促進されるといわれている[23]。これを踏まえると，リズム以外の発音項目にも学習が偶発的に波及する可能性がある。(3) さらに，先行研究で検討されてきた習熟度の影響に関して，その信頼性を高めるために異なる参加者や発音で効果を確認する必要がある。

19　文中の強勢アクセントから次の強勢アクセントまでの時間のことを指す。Foot または Inter-Stress Interval (ISI) と呼ばれる。強勢拍リズムを生み出すために foot の長さはおおむね（心理的に）等しい。3節参照。

20　偶発学習 (Incidental learning) とは，ある事を学習しようという意図などが意識されない状態で生起した学習を指す。

21　Kawai (2014)，Nakano (1997)

22　Kung (2013)

23　Cason 他 (2015)

3. 英語と日本語の音声・音韻的特徴

本章の研究を紹介する前に，英語と日本語の音声・音韻的特徴に関して，本研究で分析対象とするリズムとピッチに焦点をあてて概観する。さらに，本研究で扱うL2学習者の発話速度にも言及する。まずはリズムについて述べる。世界の言語のリズムは強勢拍リズムと音節拍リズムの2種類に大別される[24]。英語が属する強勢拍リズムでは，文中で強く聞こえる音節（強音節）から次の強音節までが心理的に等間隔になるように保たれる。下記の文でアスタリスク（*）の間が時間的にほぼ同じ長さになるよう発話される。

（a）　**Tom** would have been **eat**ing some **snacks.**
　　　*　　--- ① ---　　*　--- ② ---　*

一方，日本語が属するのは音節拍リズムで，音節の長さで等時性を保つ。より正確にいうとモーラ拍リズム[25]に分類される。

（b）　だるまさん　がころんだ

上記で示したように，英語母語話者は①や②の等時性を保つために強音節間にある数個ある弱母音を短く，弱く，低く発音する。ところが，日本語を母語とする初級英語学習者はすべての音節をほぼ等しい長さで，かつ，強く発音する傾向がある。学習者は日本語のモーラの特徴を英語に転移させるため英語らしいリズムをうまく産出できないと考えられる[26]。しかしながら，リズムの発音は発話の明瞭性に影響するため，習得することが望ましい[27]。

ピッチに関しては，日本語を母語とする英語学習者の発音ではピッチ幅が小さくなりやすい。つまり，ピッチを表す基本周波数（Fo）[28]の最大値と最小

24　Abercrombie（1967）

25　「モーラ」とは「かな」1文字分に相当し，一つ一つの「かな」は同じ強さで発音され，また，1モーラの時間的長さがおおよそ等しくなるようにリズムは刻まれる。

26　Mochizuki-Sudo & Kiritani（1991）

27　Tajima, Port, & Dalby（1997）

28　有声音では，声帯振動が1秒間に生じる回数を基本周波数（Fundamental Frequency, Fo）と呼ぶ。ピッチは知覚される音の高さであるのに対し，Foは物理的特性である。

値の幅が小さく，高低の音の変化に乏しい傾向にある[29]。英語学習者が音読した英語を英語母語話者に聞かせて「英語らしさ」を判定してもらった研究によると，ピッチ幅が大きいほどより英語らしいと判断されている[30]。したがって，ピッチは音声習得において重要な側面と言えよう。

最後に，発話速度（復唱時間）については，L2 英語学習者は言語背景に関係なく英語母語話者よりもゆっくりと話す傾向にある[31]。だが，発話速度が遅いと外国語なまりがあると判断されやすい[32]。本理由から発話速度を上げることは必須であろう。

以上をまとめると，リズム，ピッチ幅，発話速度は音声コミュニケーション上重要な発音項目であるが，これらの発音習得は難しい。よって今回の研究にて分析対象とした。

4.　実験

4.1　目的

本章の研究では，学習者が発音する文のリズムとリズムパターンが一致するリズム音を先行して復唱する暗示的学習により，リズムとリズム以外の発音項目にも学習が及ぶか調べる。

4.2　リサーチクエスチョン

(1) リサーチクエスチョン 1: 先行するリズム音と続いて音声提示される英文のリズムパターンが一致している場合，リズム音の復唱により，英文のリズムの発音を学習できるか。

(2) リサーチクエスチョン 2: 先行するリズム音と続いて音声提示される英文のリズムパターンが一致している場合，リズム音の復唱により，リズム以外のプロソディーの発音を学習できるか。

(3) リサーチクエスチョン 3: 上記での方法で発音学習が可能である場合，英語熟達度の要因がどのように影響するか。

29　Hori（2008）

30　Taniguchi & Abberton（1999）

31　Munro & Derwing（1995）

32　Derwing & Munro（1997）

4.3　実験参加者

英語の熟達度が初級から中級レベル（TOEIC300 ～ 740 点）程度で，日本語を母語とする大学生（平均年齢 19.65 歳，20 名）が実験に参加した。実験参加者は英語を一般教養科目として学習しており，英語に関係しない領域を専攻していた。

4.4　実験材料

4.4.1　リズム音

表 1 では，実験で使用した 2 種類の英語リズム音のパターン，A **強**弱弱**強**（XxxX）と B 弱**強**弱**強**（xXxX）を示している。音源はドラム音であった[33]。A と B のパターンにおける強音と弱音の「長さ」と「強さ」はそれぞれ同じであった。リズムパターン A, B の全長は 1,250ms であった。

表 1　2 種類のリズム（A（XxxX），B（xXxX））を構成するドラム音の情報

	長さ（ms）	強さ（dB）
強音（X）	375	80
弱音（x）	155	65

全長は A, B ともに 1,250ms 。ドラム音の間隔は 63ms で無音であった。

4.4.2　音声提示する英文

音声提示する英文は A, B それぞれ 20 文ずつ（合計 40 文）用意した。表 2 は英文の例を示している。英文 A, B のリズムパターンは，リズム音の A, B リズムパターンと一致する。英文とリズム音は，全長（ms），強い音と弱い音の長さ（ms），強さ（dB）において，おおよそ同じであった。英文は英語を母語とするプロのナレーター（男性）の声で録音された[34]。

33　*GarageBand* 10.1（Apple, 2015）を用いてリズム音を作成した。

34　2 種類（A, B）の英文において，(1) 音素数，(2) 単語親密度，(3) 文の長さ，(4) 強音節の長さ，(5) 弱音節の長さ，(6) ピッチ幅の項目は，ほぼ同じであった。(2) 単語親密度に関しては，日本人英語学習者にとってなじみ度の高い単語を選定した。単語の平均親密度は 6.45 であった（1 が最低，7 が最高）（横川編, 2006）。使用した単語のうち最低親密度は 3.69（ought），最高親密度は 6.92（you, see）であった。

録音された英文は，A, B の各リズムから 10 文ずつ（合計 20 文）で構成される 2 つのセットに分けられた。参加者は無作為に 2 つの群に分けられ，2 セットのうちのいずれかに割り当てられた。これは 1 人あたりの実験時間を短くし，心理的負担の軽減を図るためである。

表 2　音声提示した英文の例

リズムパターン A（XxxX）	リズムパターン B（xXxX）
Bring me a pen.	He passed the test.
Give me a hint.	He sings a song.
Go for a walk.	He took a bath.
Gone with a wind.	It rains a little.
Look at the board.	She joined the club.
Pass me the salt.	She lost the key.
Run in the park.	She won the prize.
Show him the way.	We found a key.
Stay in the house.	We keep a cat.
Turn off the gas.	We ought to stop.

文の平均長（ms）は A: 1,235, B: 1,250。強・弱音節（Xx）の平均長（ms）は A: 397, 130, B: 375, 155。強さ（dB）の平均値は A: 82, 30, B: 82, 30。

4.5　実験の手順

本実験[35]は，「先行リズム音なし」と「先行リズム音あり」の場合で構成された。まず，「先行リズム音なし」の場合は，参加者は 1 文ずつ音声提示される英文を即座に復唱するように指示された（ベースライン）。「先行リズム音あり」の場合は，リズム音を “ta” の音で即座に復唱[36]した後に，音声提示される各英文を即座に復唱するように指示された。各英文のプロソディー構造は，リズム音のパターンと一致する場合（一致条件）と一致しない場合（不一致条件）があった。英文は各条件で 1 回ずつ，合計 20 文提示された。各英文は，心理実験ソフトウェア[37]を用いて参加者ごとにランダム提示され

35　Cason 他（2015）のリズミックプライミング実験を参考に実施した。

36　先行研究（Cason 他, 2015）に倣い，参加者にリズム音に注意を向けてもらうためにリズム音を無意味な音節で復唱してもらった。

37　SuperLab5（Cedrus Corporation, 2015）を使用した。文字や音などの実験材料を提示する

た。提示間隔は自己ペースで，参加者がキーボードのスペースキーを押すと次の英文が提示されるように設定した[38]。実験は静かな環境下で個別に実施した。産出された音声はデジタルボイスレコーダー[39]を用いて収録した。暗示的学習を想定しているため，参加者が意識的にリズムの規則を学習しないよう，実験の意図の説明は控えた。実験の所要時間は約 35 分だった。

4.6　分析方法

2 名の研究者が音声分析ソフト *Praat*[40] を使用して音声データを分析した[41]。リズムの発音は，各文の強母音に対する弱母音の長さ (ms) の割合を算出した（弱母音／強母音）[42]。ピッチ幅は，各文の基本周波数（Hz）の最大値に対する最小値の割合（最小値／最大値）を算出した。復唱時間については，復唱開始から終了までの時間（ms）を分析した。

4.7　実験結果と考察

4.7.1　参加者全体の結果

図 1 (12 ページ) では，3 条件下（ベースライン，一致条件，不一致条件）で参加者が発音したリズム，ピッチ幅，復唱時間の平均値を示す。平均値はグレーの箱ひげ図の「箱」の中の × で示されている。リズミックプライミングの効果は，一致条件での平均値がベースラインの平均値より英語母語話者に近く（一致条件＞ベースライン），かつ，一致条件の平均値が不一致条件での平均値より英語母語話者に近い（一致条件 > 不一致条件）場合に，「効果あり」と判断した。

ためのプログラム作成と提示材料に対する参加者の反応を記録・分析できる。

38　一つの英文が示された後，5 秒経過してもスペースキーが押されない場合は，次の英文が始まるように設定した。

39　SONY ICD-PX 470FB 4GB Linear PCM Recorder を使用した。

40　*Praat* は無料の音響音声分析ソフトである（Boersma & Weenink, 2018）。パソコン画面上に音響的特徴を表すスペクトログラムを表示して音声分析を行った。

41　正しく復唱された単語のみ分析対象とした。各発音において分析対象外となった単語の全単語に対する割合は，リズム（ベースライン，一致条件＋不一条件：6.50%, 5.12%），ピッチ幅（6.50%, 4.87%），復唱時間（3.00%, 4.00%）であった。

42　A タイプの英文（例：Go for a walk.）では第 1 音節（強母音）と第 3 音節（弱母音）を，B タイプの英文（例：She feeds the dog.）では第 2 音節（強母音）と第 3 音節（弱母音）を分析した。文末の音節は長音化するため分析対象外とした。

統計分析は，一元配置反復測定分散分析（要因：ベースライン，一致条件，不一致条件）を，リズム，ピッチ幅，復唱時間の 3 種類の発音項目に対してそれぞれ実施した。その後，フィッシャー検定で多重比較を行った。リズムの発音については，3 条件の中で一致条件の平均値が英語母語話者の値（0.47: 点線で表す）に最も近かった[43]。統計分析の結果，「一致条件と不一致条件」，「一致条件とベースライン」のそれぞれで有意差が確認された[44]。本結果は，実験参加者が先行してリズム音を聞くことで後続文のリズムを予測でき，そのため，後続文が音声提示された際に音声情報に集中しやすくなり，リズムの発音学習につながったと推察される。ピッチ幅については，一致条件の平均値が英語母語話者の値（0.40）に最も近かった[45]。統計分析の結果，項目分析において「一致条件とベースライン」と「一致条件と不一条件」での平均値に有意傾向が認められた[46]。つまり，先行リズム音はリズム以外の発音であるピッチ幅の学習を促進する傾向が示唆された。ただし，実験参加者のピッチ幅の値と英語母語話者の値との間には乖離がある。復唱時間については，一致条件での復唱時間が最も短く，英語母語話者（1,234 ms）に最も近かった[47]。しかし，統計結果では「一致条件と不一致条件」のみで有意差があり，「一致条件とベースライン」には有意差がなかった[48]。つまり，先

43　リズムの平均値：ベースライン，一致条件，不一致条件の順に以下の通りである。被験者分析（以下，被験者）：0.59, 0.48, 0.59; 項目分析（以下，項目）：0.61, 0.46, 0.59。図 1 では被験者の値を示す。

44　リズムの統計結果：F_1 (2, 38) = 31.17, $p < .001$（被験者），F_2 (2, 76) = .55, $p < .001$（項目）。多重比較の結果，「一致条件と不一致条件」，「一致条件とベースライン」に有意差あり（被験者 $p < .001$, $r = .88$; 項目 $p < .001$, $r = .83$）。「不一致条件とベースライン」の間に有意差なし。

45　ピッチ幅の平均値：ベースライン，一致条件，不一致条件の順に以下の通りである。被験者：0.63, 0.62, 0.63; 項目：0.64, 0.60, 0.62。

46　ピッチ幅の統計結果：F_1 (2, 38) = 0.471, $p = .61$（被験者），F_2 (2, 76) = 3.22, $p = .07$（項目）。多重比較の結果，「一致条件と不一致条件」（項目のみ：$p = .06$, $r = .30$）と「一致条件とベースライン」（被験者のみ：$p < .05$, $r = .33$）に有意差あり。「不一致条件とベースライン」の間に有意差なし。有意差が項目分析でのみ確認されているため，結果の解釈を慎重に行う必要がある。

47　復唱時間の平均値：ベースライン，一致条件，不一致条件の順に以下の通りである。被験者：1,269, 1,264, 1,299 (ms)；項目：1,272, 1,237, 1,304 (ms)。

48　復唱時間の統計結果：F_1 (2, 38) = 2.96, $p = .008$（被験者），F_2 (2, 76) = 2.42, $p = .122$（項

行リズム音は発話速度の面での学習をある程度促進させたが，リズム音が無い時と比較して有意な学習効果をもたらさなかった。

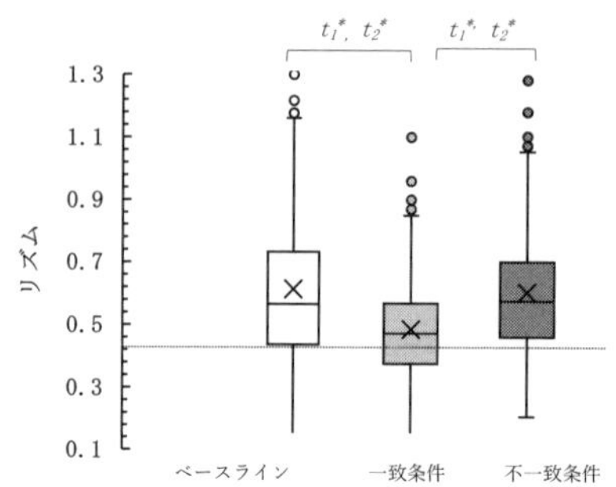

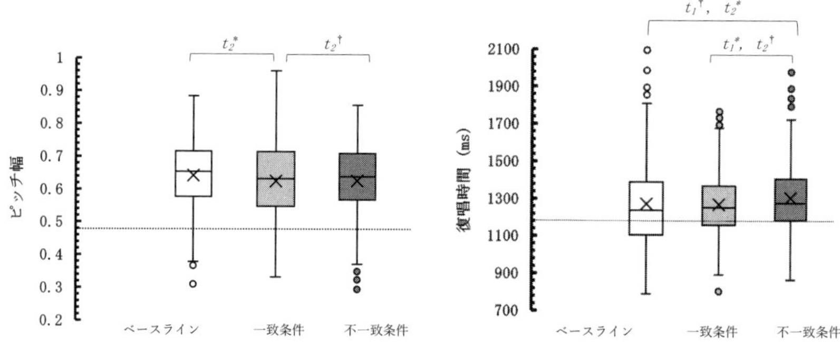

図 1　参加者全体：各条件における各プロソディーの発音 [49]

4.7.2　英語熟達度別の結果

英語熟達度テスト [50] のスコアに基づいて，参加者を下位群と上位群 [51] に分

目)。多重比較の結果，「一致条件と不一致条件」(被験者：p <.01, r = .57; 項目：p = .05, r = .31) と「不一致条件とベースライン」(被験者：p = .84, r = .39; 項目：p < .05, r = .37) に有意差あり。「一致条件とベースライン」の間に有意差なし。

49　図 1 で，点線は英語母語話者の発音の値を示す。アスタリスク (*) は有意差あり，ダガー (†) は有意傾向を示す。

50　TOEIC® Listening & Reading IP テストを用いた。

51　熟達度テストは TOEIC IP「下位群」(n = 11,　平均 = 425.90, SD = 79.01; CEFR: A2) と「上位群」(n = 9,　平均 = 651.11, SD = 68.22; CEFR: B1) を作成。平均値に有意差あり，t(18) = 6.73, p < .001。

けた。リズミックプライミング効果を確認するために，各群に対してノンパラメトリックの反復測定分散分析（フリードマン検定）を行った。その後，ウィルコクソンの符号付順位検定で多重比較を行った。以下，発音項目ごとに両群の結果を述べる。

図 2 に示すように，リズムの発音に関してベースライン，一致条件，不一致条件における上位群[52]と下位群[53]の平均値をみると，上位・下位の両群とも一致条件での平均値が英語母語話者の値（0.47）に最も近かった。統計分析の結果でも，両群とも「一致条件と不一致条件」と「一致条件とベースライン」のそれぞれで有意差が確認された[54]。つまり，先行してリズム音を 1 回復唱するのみで，両群とも直後に発音した文をより英語らしいリズムで発音できたことになる。

ピッチ幅については，各条件における上位群[55]と下位群[56]の平均値を見ると，「一致条件とベースライン」と「一致条件と不一致条件」の両者で有意差は確認されず，先行リズム音の効果を得られなかった[57]。

復唱時間では，各条件における上位群の平均値[58]と下位群の平均値[59]は，両群とも一致条件での値が英語母語話者の値（1,234 ms）に最も近かった。統計分析の結果，上位群は「一致条件とベースライン」でのみ有意差があった。下位群は「一致条件と不一致条件」と「一致条件とベースライン」の両

52　上位群のリズムの平均値は，ベースライン，一致条件，不一致条件の順に以下の通り。被験者：0.56, 0.49, 0.57; 項目：0.64, 0.64, 0.67。図 2 では被験者の値を示す。

53　下位群のリズムの平均値は，被験者 : 0.60, 0.47, 0.61; 項目：0.62, 0.48, 0.65。

54　リズムの多重比較の結果：上位群「一致条件とベースライン」（被験者：$p < .005$, $r = .54$; 項目：$p < .001$, $r = 1.00$），と「一致条件と不一致条件」（被験者：$p <.005$, $r = .60$; 項目：$p < .005$, $r = .79$）で有意差あり。下位群「一致条件とベースライン」（被験者：$p < .005$, $r = .62$; 項目：$p < .001$, $r = 1.00$），と「一致条件と不一致条件」（被験者：$p < .005$, $r = .62$; 項目：$p < .001$, $r = 1.00$）で有意差あり。

55　上位群のピッチ幅の値は，ベースライン，一致条件，不一致条件の順に以下の通り。被験者：0.65, 0.64, 0.64; 項目：0.64, 0.64, 0.67。

56　下位群の平均値は，被験者：0.60, 0.61, 0.60; 項目：0.60, 0.59, 0.61。

57　ピッチ幅の統計結果：上位群「一致条件と不一致条件」と「ベースラインと不一致条件」（$p < .005$, $r = .69$）と「一致条件とベースライン」（$p < .005$, $r = .72$）で有意差あり。

58　上位群の復唱時間は，ベースライン，一致条件，不一致条件の順に以下の通り。被験者：1,244, 1,229, 1,263; 項目：1,272, 1,235, 1,250。

59　下位群の平均値は，被験者：1,293, 1,289, 1,329; 項目：1,325, 1,308, 1,289。

者で有意差があった[60]。つまり，両者で有意差のあった下位群のみに学習効果が確認された。

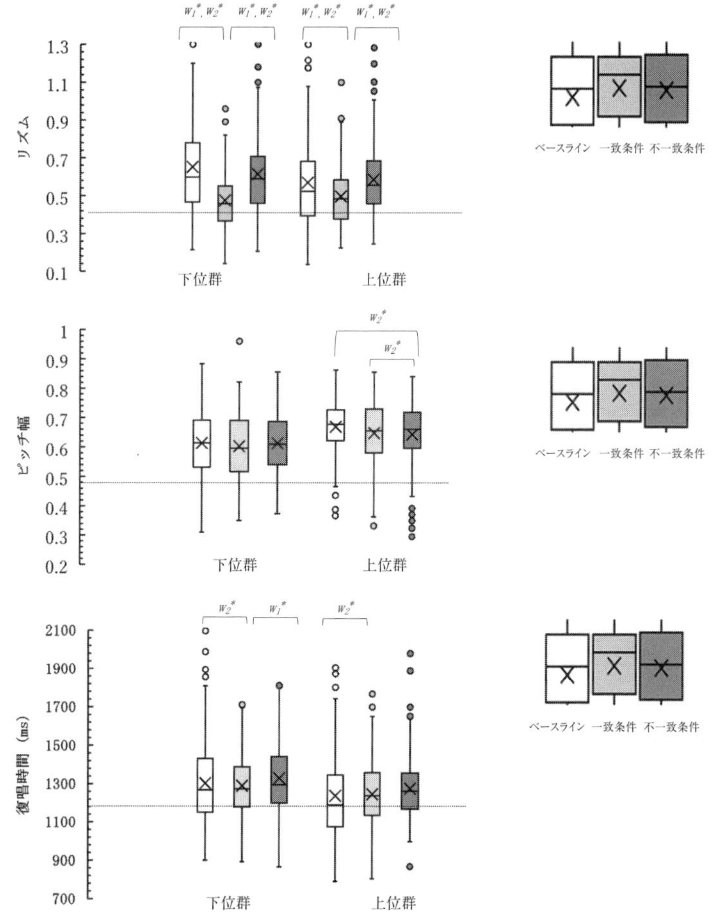

図 2　英語熟達度別：各条件におけるプロソディーの発音[61]

60　復唱時間の統計結果：上位群「一致条件とベースライン」$p < .05$, $r = .73$ (項目) で有意差があり。下位群「一致条件とベースライン」$p < .05$, $r = .58$ (項目) と「一致条件と不一致条件」$p < .01$, $r = .55$ (被験者) で有意差あり。

61　図 2 における点線は英語母語話者の発音を示す。アスタリスク (*) は「有意差あり」を示す。

5. 考察

以下のリサーチクエスチョンに基づいて議論する。

(1) リサーチクエスチョン 1：先行するリズム音と続いて音声提示される英文のリズムパターンが一致している場合，リズム音の復唱により，英文のリズムの発音を学習できるか。

リズムの発音では，実験参加者全体および両英語習熟群において学習効果が見られた。参加者は先行提示されたリズム音を復唱することで直後に提示される英文のリズムを予測しやすくなる。そのため音声提示された英文のプロソディー情報に注意を向けやすくなり，その情報を心内の音声・音韻データベースに取り入れることができたと考えられる。リズム音を利用することで L2 リズムの発音学習ができたという本結果は，明示的学習に焦点をあてた先行研究[62] と一致している。だが，本研究は暗示的学習でもリズムの発音学習ができること，また，歌詞やメロディーなどを伴わないリズムそのものが学習を促進できることを明らかにした点で意義があると言えよう。

(2) リサーチクエスチョン 2：先行するリズム音と続いて音声提示される英文のリズムパターンが一致している場合，リズム音の復唱により，リズム以外のプロソディーの発音を学習できるか。

リズムの発音のみならず，リズム以外のプロソディーであるピッチ幅や復唱時間においても発音学習が可能であることが示された[63]。先述した Dynamic Attending Theory によると，先行してリズム音を聞くことで後続提示される英文音声の重要な情報（強音節）に集中しやすくなる。本研究では参加者が英語のリズムを予測しやすくなったことでピッチ幅などのリズム以外の音声情報の処理にも注意資源を分配する余裕ができ，発音学習を促進できたと推察される。一方，高い学習効果が見られなかった原因の一つとして，参加者にとってなじみ度の高い単語で構成された文を用いたことが考えられる。Gluhareva & Prieto (2017) でも学習者は簡単な表現よりも難しい表

62　Kawai (2014)，Nakano (1997)，Zhang 他 (2018)

63　ピッチ幅に対するリズム音の効果が確認されたが，統計的に限定的であった（項目分析では効果サイズが中程度）。

現に対してリズム練習の効果を得ていた。Gluhareva & Prieto はなじみ度の高い語句の発音は英語学習初期からの知識で記憶されているために母語の知識が反映されやすく，少量の L2 インプットでは学習者の知識を再構築するには不十分であると推察している。本章の研究でも，参加者はなじみ度の高い単語で構成された文を一度聞いたのみであったため，同様の解釈があてはまる可能性がある。

(3) リサーチクエスチョン 3：上記での方法で発音学習が可能である場合，英語熟達度の要因がどのように影響するか。

リズムの発音では，下位群のほうが上位群と比べて伸長が大きかった。復唱時間についても，下位群のみに効果が見られた。本結果は下位群のほうが先行リズム音の恩恵を受ける「余地」があったためと推察される。実際，下位群のベースライン（先行リズム音なし）におけるリズムと復唱時間の発音は，英語母語話者の基準から乖離していたのに対し，上位群のベースラインでの発音は基準に近似していた。本結果は，前述した L1 聴覚障害児を対象とした先行研究（Cason 他, 2015）でベースラインでの音声産出能力が低い群の方が高い群と比べて学習効果が見られた結果と一致している。

6.　今後の課題

暗示的学習であるリズミックプライミングが L2 発音学習にいかに効果的かを精緻に検証するためにさらなる研究が必要とされる。具体的には，(1) 本研究ではリズム音を 1 回繰り返すのみでリズム以外の発音項目にも僅かながら学習効果は見られたが，繰り返し回数を増やした場合により高い学習効果が得られるか検証する。(2) 分析対象の発音項目を今回調査したプロソディー以外の発音（例：ポーズ数・ポーズ長）や分節音（子音・母音）に広げる。(3) 本研究では実験材料に有意味語を用いたが，学習者の既存知識が反映されにくい無意味語も含めて実験を行う。

7.　おわりに

本章では，先行提示されるリズム音と直後に提示される英文のリズムパターンが一致する場合，学習者がリズム音を復唱することで，続いて発音する英文のプロソディー面の発音学習が促進されるか，日本語を母語とする成人英語学習者を対象にリズミックプライミング実験で検証した。本実験は，リズム音を先行して聞くことが，リズムの発音学習に効果的であること，さらにリズム以外の発音であるピッチ幅と復唱時間の面にも学習効果が及ぶ可能性を示した（後者は英語熟達度の低い群のみで効果が確認された）。

付　記

本章は Sugiura & Hori (2020) に対して大幅に加筆・修正したものである。本章執筆にあたり，共同研究者である順天堂大学の堀智子氏の了承を得ている。本章で扱っている研究は科研費（JP26370681, JP18K00765）の助成を受けたものである。

【外国語教育に関わる人が知っておくべきポイント】

・英語のプロソディーの発音はコミュニケーション上重要であるが，日本語を母語とする英語学習者にとってその習得は容易ではない。
・英語学習者（初級・中級）にとって，リズム音を用いた発音学習方法は，プロソディー面での発音学習に効果的である。
・成人英語学習者でも L2 プロソディーの発音を暗示的に学習できる。
・英語学習者は，各発音を個別に，かつ明示的に学習をしている場合が多い。しかし，学習する英文と同じリズムパターンを持つリズム音を英文に先行して復唱するというシンプルな暗示的学習が，リズム以外の発音の学習にも役立つ可能性がある。

【執筆者から読者へのメッセージ】

・指導者はリズムを用いた音声活動が，どのような発音やスキル（例：リスニング）に効果的なのかを理解して取り組む必要がある。これにより，リズムを用いた活動にて，より効果的な支援を学習者に提供できるだろう。
・一般的に成人英語学習者は明示的学習を得意としている。しかし，L2 習得の大部分は暗示的に行われるため[64]，どのような暗示的学習が，どのような言語項目の学習に効果的なのかを追究していく価値がある。

64　詳細については白畑（2018）を参照されたい。

参照文献

小柳かおる・向山陽子 (2018).『第二言語習得の普遍性と個別性—学習メカニズム・個人差から教授法へ—』くろしお出版.

中野秀子・夏目季代久 (2011).「英語リズム教材による学習と脳波変化の特徴—ビート音の効果—」『コンピュータ & エデュケーション』*31*, 88–93.

太田信夫 (編) (2008).『記憶の心理学』放送大学教育振興会.

白畑知彦 (2018).「外国語の文法学習における明示的学習・指導の役割を考える」『静岡大学教育学部研究紀要 (人文・社会・自然科学篇)』*69*, 17–32.

ヴァンパテン・ベナティ (著), 白畑知彦・鈴木孝明 (監訳) (2017).『第二言語習得キーターム事典』開拓社.

横川博一 (編) (2006).『日本人英語学習者の英単語親密度 文字編』くろしお出版.

Abercrombie, D. (1967). *Elements of general phonetics.* Edinburgh University Press.

Apple. (2015). *GarageBand10.1* [Mobile app]. App Store. https://itunes.apple.com/

Boersma, P., & Weenink, D. (2018). *Praat: doing phonetics by computer* (Version 6.0.37) [Computer program]. http://www.praat.org/

Cason, N., Hidalgo, C., Isoard, F., Roman, S., & Schön, D. (2015). Rhythmic priming enhances speech production abilities: Evidence from prelingually deaf children. *Neuropsychology, 29*(1), 102–107. https://doi.org/10.1037/neu0000115

Cedrus Corporation (2015). *SuperLab5* [Computer software]. San Pedro: Cedrus Corporation.

Chan, R. K., & Leung, J. H. (2018). Implicit knowledge of lexical stress rules: Evidence from the combined use of subjective and objective awareness measures. *Applied Psycholinguistics, 39*(1), 37–66. https://doi.org/10.1017/S0142716417000376

Derwing, T. M., & Munro, M. J. (1997). Accent, intelligibility, and comprehensibility: Evidence from four L1s. *Studies in Second Language Acquisition, 19*(1), 1–16. https://doi.org/10.1017/S0272263197001010

Ellis, R., Loewen, S., Elder, C., Reinders, H., Erlam, R., & Philp, J. (2009). *Implicit and explicit knowledge in second language learning, testing and teaching.* Multilingual Matters.

Gluhareva, D., & Prieto, P. (2017). Training with rhythmic beat gestures benefits L2 pronunciation in discourse-demanding situations. *Language Teaching Research, 21*(5), 609–631. https://doi.org/10.1177/1362168816651463

Graham, C. (1979). *Jazz chants; Small talks.* OUP.

Graham, C. R., & Williams, J. N. (2018). Implicit learning of Latin stress regularities. *Studies in Second Language Acquisition, 40*(1), 3–29. https://doi.org/10.1017/S0272263116000371

Hori, T. (2008). *Exploring shadowing as a method of English pronunciation training* [Doctoral dissertation]. Kwansei Gakuin University.

Kawai, K. (2014). Effects of chant practice on acquisition of stress-timed rhythm: A comparison of three English proficiency levels. *Tohoku TEFL, 5,* 12–26.

Kung, F. W. (2013). Rhythm and pronunciation of American English: Jazzing up EFL teaching through Jazz chants. *Asian EFL Journal, 70,* 4–27.

Large, E. W., & Jones, M. R. (1999). The dynamics of attending: How people track time-varying events. *Psychological Review, 106*(1), 119–159. https://doi.org/10.1037/0033-295X.106.1.119

Mochizuki-Sudo, M., & Kiritani, S. (1991). Production and perception of stress-related durational patterns in Japanese learners of English. *Journal of Phonetics, 19*(2), 231–248. https://doi.org/10.1016/S0095-4470(19) 30219-0

Munro, M. J., & Derwing, T. M. (1995). Processing time, accent, and comprehensibility in the perception of native and foreign-accented speech. *Language and Speech, 38*(3), 289–306.

Nakano, H. (1997). The effect of rhythm instruction on production ability of Japanese EFL learners. *Annual Review of English Language Education in Japan*, *8*, 81–91.

Sugiura, K., & Hori, T. (2020). How repeating rhythmic beats enhance L2 prosody. *JACET Chubu Journal, 18,* 33–54.

Tajima, K., Port, R., & Dalby, J. (1997). Effects of temporal correction on intelligibility of foreign-accented English. *Journal of Phonetics, 25*(1), 1–24.

Taniguchi, M., & Abberton, E. (1999). Effect of interactive visual feedback on the improvement of English intonation of Japanese EFL learners. *Speech, hearing and language: Work in progress, 11. Department of Phonetics and Linguistics, University College London,* 76–89.

Zhang, Y., Baills, F., & Prieto, P. (2018). Hand-clapping to the rhythm of newly learned words improves L2 pronunciation: Evidence from training Chinese adolescents with French words. *Language Teaching Research. 24*(5), 666–689.

2

派生接辞の習得とその指導

—日本語を母語とする英語学習者の場合—

田村知子

1. はじめに

第二言語習得において，語彙学習は重要である。語彙の知識を増やせば，学習者はより流暢に言語を使用することができる。しかし一方で，次々と提示される新出単語を覚えきれず，悩む学習者がいるのも事実である。

その対応策としてこれまで提案されてきた方法の一つが，語構造，および接頭辞（例：un-, non-）や接尾辞（例：-er, -able）といった語の構成要素の知識を増やして，派生語の学習を促すことである[1]。たとえば，もし学習者に接頭辞 un- と接尾辞 -able の知識があれば，count という語を習得した際に，countable や uncountable といった派生語も容易に理解できる。

しかし第二言語学習者，とりわけ日本語を母語とする英語学習者（Japanese Learners of English: JLEs）を対象とした派生接辞の習得と指導に関する研究は少ない。その理由は，習得研究においては，屈折接辞（例：複数形の -s, 過去形の -ed）に比べて発話データの収集が難しかったためだと思われる。指導研究の乏しさについては，派生接辞が個別に恣意的な順序で暗記学習するものとみなされており，文法（や屈折接辞）のように規則性を持つ指導対象としては捉えられてこなかったためかもしれない。

本章ではまず，英語の語構造と派生接辞について概説する。次に，第二言語学習者を対象とした英語派生接辞の習得と指導に関する一連の研究を，筆者がおこなったものも含めて紹介する。さらに，その知見を教育実践に生かす一つの方法として，JLEs を対象とした段階別の指導案を示す。

1　望月・相澤・投野（2003），Nation（2013），野呂（2014），Schmitt（2000）

2. 語の構造と派生接辞

語は，形態素という要素から成り立っている。形態素とは，言語において意味あるいは文法機能を持つ，分割できない最小単位である。たとえばunhappyという語は，否定や反対の意味を表すun-とhappyという2つの形態素から成る。文の中で語として自立できる形態素は自由形態素と呼ばれ，一方で他の形態素を伴わなければならないものは拘束形態素と呼ばれる[2]。たとえば，playingという語は2つの形態素から成り立っており，playは自由形態素で，-ingは拘束形態素である。

語の意味の核となる形態素を語根という。たとえばunfriendlinessという語の語根は，形態素のfriendである。語根の前後に付く拘束形態素は接辞と呼ばれる。たとえばplayingという語では-ingが接辞で，unfriendlinessという語ではun-, -ly, -nessが接辞である。これらとは別に，どんな種類の接辞も付けられる形を基体と呼ぶ。たとえばunfriendlinessという語では，friendが接辞-lyの付く基体（または語根）である。さらにfriendlyはunfriendlyに，unfriendlyはunfriendlinessになることができるため，いずれも基体である。基体と語根の共通点は，どちらも接辞を付けられるという点である。違いは，基体が形態素に分解できるのに対し，語根はできないという点にある[3]。たとえば，friendlyはfriendと-lyに分解でき，unfriendlyもun-, friendと-lyに分解できる。ゆえにfriendlyとunfriendlyはいずれもunfriendlinessという語の基体であるが，語根ではない。これに対し，friendはこれ以上分解できないので，unfriendlinessの基体であると同時に語根である。

接辞は語の中に占める位置によって，接頭辞と接尾辞に分類できる。接頭辞はun-, pre-, inter-のように，基体の前に付く接辞である。原則として基体の意味は変えるが品詞は変えない。たとえば，接頭辞un-は基体kindに否定の意味を加えるが，*un*kindはkindと同じ形容詞のままである。接尾辞は-ly, -ness, -fulのように，基体の後に付く接辞である。原則的に基体の品詞を変える。たとえば基体friendに付いた接尾辞-lyは，品詞を名詞（friend）から形容詞（friend*ly*）に変化させる[4]。

2　Katamba（1994）

3　Plag（2003）

4　friendlyは副詞にもなる。

接辞はまた，屈折接辞と派生接辞に分類できる。屈折接辞とは，文法機能を語に与える接辞を指す[5]。たとえば，進行形の -ing(例：playing)，複数形の -s（例：friends)，三人称単数の -s（例：plays)，過去形の -ed（例：played）などは屈折接辞である。派生接辞は主に，基体の意味や品詞を変えて新語を形成する[6]。たとえば unkind の接辞 un- は，基体 kind に否定の意味を加える。また reader の接辞 -er は基体 read に動作主の意味を加えて，品詞を動詞から名詞へ変化させる。基体と接辞の関係を図 1 にまとめる。

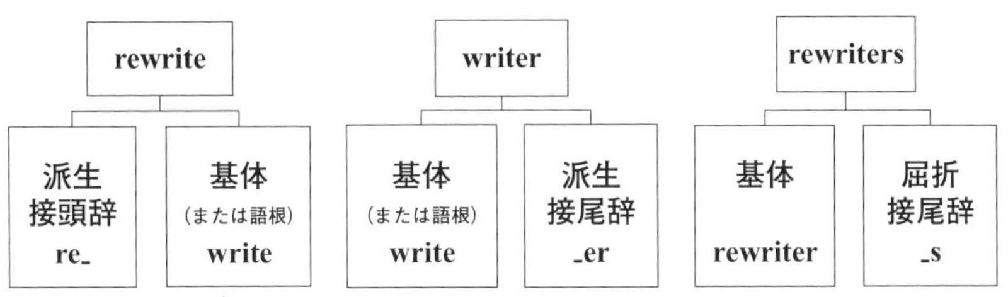

（Bauer, 1983, p. 20を部分的に変更）

図 1　基体と接辞の関係

3.　英語の派生接辞の第二言語習得

英語の派生接辞の第二言語習得については，接辞の知識全般を調べた研究と，接辞の習得難易度順序に焦点を当てた研究がある。本節では最初に前者の研究を紹介し，その後で後者の研究をみていく。

3.1　第二言語学習者が持つ英語の派生接辞の知識

Schmitt & Meara（1997）（以下 S&M）は，JLEs が持つ派生接尾辞の受容知識と産出知識を，語連想や語彙サイズといった他要因との関係を探る研究の一環として調査した[7]。実験に用いたのは，動詞に付く 14 種類の派生接尾辞

5　Katamba（1994），Plag（2003）

6　Adams（1973），Bauer（1983），大石（1988）

7　受容知識とは，学習者がリーディングやリスニングをする際に，語を認識して理解するために必要な知識である。一方，産出知識とは，スピーキングやライティングで語を産出するのに必要な知識を指す（Nation, 2013）。

（-ed, -ing, -ment, -s, -ion, -ly, -ence, -ee, -age, -er, -ive, -able, -al, -ure）である。実験参加者は，教室環境で外国語として英語を学ぶ 95 人の高校生，および大学生の JLEs であった。

テストは 2 部構成で，1 部では産出知識，もう 1 部では受容知識を測った。産出知識の部では，どの程度基体の動詞を知っているかを尋ね，その動詞から連想できる 3 つの語と，派生形を書かせた。受容知識の部では，選択肢の中から連想語と，基体の動詞に付く接尾辞を選ばせた。テストは 2 回，年度開始時と終了時に同内容で実施した。その結果，JLEs は派生接尾辞の受容知識も産出知識もあまり持たないことが判明した。

この研究は，JLEs の派生接尾辞の知識が乏しいことを指摘した点で有意義であるが，実験に用いた接尾辞は数も種類も限られており，また，接辞よりむしろ派生形の知識を測っている面が強い。第二言語学習者の接尾辞の知識について普遍性のある説明をするには，名詞，形容詞，副詞に付く接尾辞も含めた，より多くの数と種類の接尾辞を調査し，かつ接尾辞そのものの知識を測ることが必要である。

Schmitt & Zimmerman（2002）（以下 S&Z）は，第二言語学習者が持つ派生接尾辞の産出知識を調査した。実験参加者は，米国の大学で英語を第二言語として学ぶ 36 人の学部生や院生と，英国の大学院で英語教授法を専攻する 106 人の院生である。

テストは 2 部構成で，1 部は語彙の知識を測り，もう 1 部は派生接尾辞の産出知識を測るものであった。後者では，基体語の名詞形，動詞形，形容詞形，副詞形を書かせた。たとえば（1）のように，stimulate という基体語と品詞の指示付きの 4 つの文を提示し，その空欄に stimulate の名詞形，動詞形，形容詞形，副詞形（例：stimulation, stimulate, stimulating）を記入させ，適切な形がないと思う場合は，代わりに「×」と書かせた。

（1）　**stimulate**

Noun: A massage is good ____.

Verb: Massages can ____ tired muscles.

Adjective: A massage has a ____ effect.

Adverb: He massaged ____.

実験の結果，第二言語学習者が持つ派生接尾辞の知識は部分的であることが判明した。つまり，学習者がワード・ファミリー内のいくつかの派生形を知っていても，必ずしもそのファミリーに属するすべての派生形を知っているとは限らないのである[8]。また，学習者は形容詞形や副詞形より，名詞形や動詞形をよく知っていた。これらの結果にもとづき，S&Z は，第二言語学習者が派生形を習得するには指導が不可欠だと述べている。

この研究は，第二言語学習者が持つ派生接尾辞の知識に偏りがあるという重要な点を伝えている。しかし S&M と同じく，その調査範囲は接尾辞に限られ，派生接辞より派生形の知識を測っている恐れもある。さらに，接尾辞の知識と学習者の母語の関係については，明らかにしていない。

Aizawa (1998) は JLEs の派生接辞の受容知識を，接頭辞と接尾辞の両方について調べた。実験参加者は，教室で外国語として英語を学ぶ日本人大学生 65 人であった。テスト項目には 21 種類の接辞が選ばれた。その内訳は，接頭辞が non-, un-, in- の 3 種類，接尾辞が -able, -er, -ish, -less, -ly, -ness, -th, -y, -al, -ation, -ess, -ful, -ism, -ist, -ity, -ize, -ment, -ous の 18 種類である。これらは Bauer & Nation (1993)（以下 B&N）が分類した 7 つの「レベル」のうち，「レベル 3」と「レベル 4」から選ばれている。B&N は教室における英語の接辞の指導と学習のために，母語話者と第二言語学習者の双方を念頭に置きながら，接辞の頻度，規則性，生産性，予測可能性という基準にもとづいて接辞を 7 つの習得難易度「レベル」に分けた。学習者は「レベル 1」から接辞を習得し，「レベル 3」と「レベル 4」は習得が容易な派生接辞とみなされている。

テストでは各接辞につき，その接辞を含む 3 つの派生形が提示された。例えば接尾辞 -able なら，eat<u>able</u>, change<u>able</u>, agree<u>able</u> といった具合である。参加者は下線で強調された接辞部分に共通する意味を母語の日本語で書き，また 3 つの派生形の品詞を，名詞，動詞，形容詞，副詞の 4 択から選んだ。実験の結果，参加者の 40% 以上が「レベル 3」接尾辞 -ly, -y と「レベル 4」接尾辞 -al, -ism, -ity, -ize, -ous の設問に正しく答えられなかった。

8　ワード・ファミリーとは，語の基体とその屈折形や派生形をひとつの集合体として捉える概念である。たとえば play のワード・ファミリーは，基体 play と屈折形 plays, playing, played および playful, player などの派生形から成り立つ (Bauer & Nation, 1993)。

JLEs が派生接辞の知識を十分に持たないという結果は，前述の S&M や S&Z の主張に沿うものである。また，この研究は，JLEs の派生接辞の知識と B&N の接辞「レベル」の関連を調べたという点で注目に値する。しかし，残りの接辞「レベル」，とりわけ「レベル 5」と「レベル 6」に分類された接辞に関しては調査していない。またこのテスト方法では，参加者の基体語の知識が正答率に影響を及ぼす可能性を排除しきれない。たとえば接辞 -able の知識を問う場合，基体語 defease の派生形 defeasible を提示するよりも，eat の派生形 eatable を提示する方が解答者にとって容易な質問になりうる。

3.2　第二言語学習者における英語の派生接辞の習得難易度順序

B&N は前述のとおり，接辞を 7 つの習得難易度「レベル」に分けている。この分類によれば，「レベル 1」の学習者は接辞を認識しておらず，「レベル 2」で屈折接辞を習得する。「レベル 3」から派生接辞の習得が始まり，このレベルには non-（例：*non*metal）や -er（例：work*er*）など，もっとも習得の容易な派生接辞が含まれる。「レベル」が上がるにつれて学習者にとっての難易度は高くなり，もっとも習得が難しい接辞は「レベル 7」である。

この研究は，言語学と外国語教育学の視点を共に採り入れた画期的なものであり，この 7 つの習得難易度が母語話者だけでなく第二言語学習者の指針にもなりうることを示唆している。しかしその目的が，派生接辞の指導と学習のための大まかな指針を与えることにあったため，接辞の分類のみをおこなって，設定した「レベル」の妥当性を検証しなかった点が惜しまれる。

Mochizuki & Aizawa (2000)（以下 M&A）は，JLEs の英語派生接辞の習得難易度順序を，接辞の知識と語彙サイズとの関係を調べる一環として調査した。実験参加者は，日本の教室で外国語として英語を学ぶ 403 人の高校生と大学生である。テスト項目は 29 種類の派生接辞で，その内訳は接頭辞が 13 種類 (non-, semi-, pre-, re-, anti-, un-, counter-, en-, in-, inter-, ex-, post-, ante-)，接尾辞が 16 種類 (-able, -al, -ation, -er, -ful, -ish, -ism, -ist, -ity, -ize, -less, -ly, -ment, -ness, -ous, -y) であった。これらの接辞はいずれも，B&N の「レベル 3」と「レベル 4」から選ばれた。

テストは多肢選択式で，各接辞につき 1 問が出題された。接頭辞については，3 つの疑似語に含まれた接頭辞の意味を，日本語で提示した 4 択の中から選ぶ形式であった。たとえば，接頭辞 anti- を含む 3 つの疑似語 antislimad, antikiofic, antirarchy が提示され，参加者は 4 つの日本語の意味の中から anti- にもっとも合うものを選んだ。接尾辞については，接尾辞を含む 3 つの疑似語の品詞を，名詞，動詞，形容詞，副詞の 4 択の中から選んだ。たとえば，接尾辞 -able を含む疑似語 rombortable, quifable, slomitable が提示され，4 つの品詞の中から形容詞を選べば正解である。

実験の結果，接頭辞では re-, un-, pre- が正答率 80% 超で，もっとも容易に習得されていた。もっとも習得率の低かった接頭辞は，30% 以下の in- と ante- である。接尾辞では -ation, -ful, -ment が 80% 超のもっとも高い正答率を記録し，一方で -ity, -y, -ish は 50% 以下のもっとも低い正答率だった。

これらの結果にもとづき，M&A では，JLEs にはある一定の派生接辞の習得難易度順序が存在する可能性を示唆している。さらに，接頭辞の順序が，英語から日本語への借用語，指導，接頭辞の頻度，接頭辞の多義性の 4 要因に影響を受けており，接尾辞の順序についても，指導，接尾辞の頻度，接尾辞が付いた派生形の頻度，接尾辞の多機能性の 4 要因に左右されているのではないかと考えた[9]。

この研究では疑似語を使って実験を行っているが，この方法には疑問の余地がある。疑似語を使えば確かに，参加者の持つ派生形の知識（たとえば antivirus という語の知識）が測定結果（たとえば anti- の正答率）に及ぼす影響を避けることはできる。とは言え，現実には存在しない語を自然言語能力の測定に用いるのは適切ではないように思われる。もう 1 つの問題点は，テスト項目の数が少ないことである。JLEs の派生接辞の習得難易度順序に一般性を持たせるためには，より多くの接辞の調査が必要である。

9　英語から日本語へ借用された接辞の例としては，たとえば「ノンアルコール」などの外来語に含まれる「ノン」（non- から借用）などがある。接頭辞の多義性とは，接頭辞が複数の意味を持つことを指す。たとえば in- の場合，「否定（例：*in*accurate）」と「内側（例：*in*bound）」の 2 つの意味がある。接尾辞の多機能性とは，接尾辞が二通り以上の品詞転換をおこなうことを指す。たとえば -ly の場合，形容詞を副詞に変える働き（例：happy → happi*ly*）と，名詞を形容詞に変える働き（例：week → week*ly*）がある。接辞の頻度とは，接辞が話者に使用される度合いを指す。たとえば接頭辞の場合，un- は arch- に比べてよく使用されるので頻度が高い。M&A の述べる頻度が，英語の母語話者にとっての頻度と第二言語学習者にとっての頻度のいずれを指すかは不明である。

Leontjev (2016) は，B&N による派生接辞の習得難易度順序の妥当性を，接辞「レベル」ごとにまとめて検証した。実験参加者は，エストニア語とロシア語を母語とする英語学習者 62 人（エストニア語 27 人，ロシア語 35 人）である。彼らはエストニアの学校の 10 年生で，英語力はヨーロッパ言語共通参照枠 (CEFR) のレベル B1，すなわち中級であった。

テスト項目は全部で 50 項目あり，その内訳は 48 種類の派生接辞を含む派生語が 44 項目（例：*un*shackle, pail*ful*, *in*discreet*ly*），派生接辞を含まない語が 6 項目（例：mediocre）である。接辞は，B&N の「レベル 3」「レベル 4」「レベル 5」「レベル 6」から，それぞれ 12 種類ずつ選んだ。テストには，語に含まれる接頭辞と接尾辞を見つけさせる語分割タスクを用いた。また，出題された語を知っているかどうかを調べるために，語の意味または定義を母語で書くよう求めた。

結果は，これまでの研究結果をおおむね支持するものであった。学習者が派生接辞を認識する能力には，「レベル」間で統計的な有意差があったが，その一方で，部分的には例外もみられた。たとえば，「レベル 5」と「レベル 6」の間には差がなかった。また，「レベル 3」のすべての接辞が「レベル 4」接辞より認識が容易なわけではなく，「レベル 6」のすべての接辞が「レベル 4」接辞より認識が困難なわけでもなかった。

この研究は，B&N の提唱した英語の派生接辞の習得難易度順序が，エストニア語とロシア語を母語とする第二言語学習者に全般的には当てはまることを立証している。しかし，個々の接辞の難易度についてはよくわかっていない。また研究者自身も認めているように，他の接辞を選んだり，実験方法や実験参加者を変えたりすれば，異なる結果が得られた可能性もある。

田村・白畑 (2018) は，大学生 JLEs における派生接辞の習得難易度順序を，B&N の「レベル 3」から「レベル 6」までのほぼすべての接辞をテスト項目として，実在する派生語を用いた方法で調べた。この研究では接頭辞と接尾辞に分けて実験がおこなわれた。

いずれの実験でも参加者は 2 つのグループに分けられた。1 つ目のグループは，「接頭辞／接尾辞テスト」で用いる派生語の知識を JLEs が持っているかどうかを確認する「派生語テスト」を受けた。このうち正答率が 10% を超えた派生語については，「接頭辞／接尾辞テスト」の項目から除外した。

これは，JLEsの派生語の知識が接辞テストの結果に影響を及ぼすのを極力避けるためである。2つ目のグループは，「接頭辞／接尾辞テスト」を受けた。このテストは，22種類の接頭辞と55種類の接尾辞に関する多肢選択式の質問から成り，1つの接辞につき1問が出題された。具体的には，まず基体語とその日本語での意味が与えられ（例：dependence 依存），その上で接辞が付いた派生語（例：*inter*dependence）の意味を5択の日本語訳の中から選ばせるという，受容知識を測るものであった。基体語の日本語訳をあらかじめ提示したのは，基体語の知識が正答率を左右するのを防ぐためである。

実験の結果，JLEsにとって3種類の接頭辞 non-, hyper-, semi- と接尾辞 -ism がもっとも容易であり，inter-, circum- を含む10種類の接頭辞と -ary, -ify を含む30種類の接尾辞がもっとも習得困難であることが判明した。次に，得られたJLEsの習得難易度順序をこれまでの研究で提案された順序と比較したところ，B&Nの順序とは接頭辞と接尾辞のいずれにおいても必ずしも一致しなかった（表1・表2）。一方，JLEsを対象としたM&Aの順序とは相関がみられ，とりわけ接頭辞において顕著であった[10]。つまり，少なくともJLEsには共通の習得難易度順序が存在する可能性が認められたのである。

これらの結果にもとづき，田村・白畑はJLEsにおける派生接辞の習得難易度順序を新たに提案した。さらに，その順序に影響を及ぼす要因として，接頭辞では，母語である日本語からの転移と接辞の持つ言語特性を挙げ，接尾辞では，接辞が付いた派生形の品詞と接辞の持つ意味素性であるとした[11]。

田村・白畑の研究は，数多くの派生接辞の実証データを分析してJLEsにおける派生接辞の詳細な習得難易度順序を示し，その順序の決定要因を言語研究の知見も交えて論じた点などが新しい。しかし，基本的に1つの接辞に対して1つの設問であったため，接辞が2種類以上の品詞に付く場合，基体

10　スピアマンによる相関係数は，接頭辞が rs = .715で高い相関，接尾辞が rs = .464で中程度の相関があった。

11　ここでいう「接辞の言語特性」とは，具体的には接辞の形態の規則性と意味の予測性である。詳しくは，田村・白畑（2018）を参照されたい。意味素性とは，語彙項目の意味を構成する基本的な要素を指す。たとえば，-ette, let, -ling はいずれも「小さなもの」を表すため，その意味は意味素性［＋small］から成り立つと考えられる。

の品詞によって難易度に差が生じるかどうかまでは明らかにしていない。また，得られた順序の普遍性を確かめるために別の参加者や実験方法で検証し，背後の要因についても考察を深める必要がある。さらに，その順序と指導効果との関連を探らねばならないであろう[12]。

表 1　接頭辞の実験結果と B&N の習得難易度順序との比較[13]

<table>
<tr><th colspan="2">田村・白畑</th><th></th><th colspan="2">B&N</th></tr>
<tr><th>順位</th><th>接頭辞</th><th></th><th>レベル</th><th>接頭辞</th></tr>
<tr><td>1</td><td>non-, hyper-, semi-</td><td rowspan="6">容易
↑
|
|
↓
困難</td><td rowspan="2">3</td><td rowspan="2">non-, un-[adj]</td></tr>
<tr><td>2</td><td>pre-, re-, anti-</td></tr>
<tr><td>3</td><td>un-[adj], neo-, un-[v]</td><td rowspan="2">4</td><td rowspan="2">in-</td></tr>
<tr><td>4</td><td>counter-</td></tr>
<tr><td>5</td><td>en-, in-</td><td rowspan="2">5</td><td rowspan="2">ante-, anti-, arch-, bi-, circum-, counter-, en-, ex-, fore-, hyper-, inter-, mid-, mis-, neo-, post-, pro-, semi-, sub-, un-[v]</td></tr>
<tr><td rowspan="2">6</td><td rowspan="2">inter-, ex-, fore-, pro-, arch-, bi-, post-, ante-, circum-, sub-</td></tr>
<tr><td></td><td>6</td><td>pre-, re-</td></tr>
</table>

12　Tamura（2020）を参照のこと。

13　[adj] 形容詞に付加，[v] 動詞に付加

表 2　接尾辞の実験結果と B&N の習得難易度順序との比較[14]

田村・白畑

ランク	接尾辞
1	-ism
2	-ist(NFC), -ly(adv), **-eer**, -er, **-able(FC)**, **-most**
3	-ful, **-ition**
4	-ion, -al(adj)
5	-able(NFC), -ally, -ways
6	-ation
7	-ist(FC), -ence
8	***-ish***, -ive
9	-ic
10	***-ment***, ***-ous***, ***-ness***, -ance, -ee
11	-i, -ly(adj), -ward, -ant, -ary, -atory, -esque, -ory, ***-ity***, -en(adj), -dom, ***-ize***, -ery, -th(n), ***-y(adj)***, -y(n), -ite, -ify, -en(v), ***-ess***, ***-less***, -hood, -al(n), -ship, -wise, -ette, -let, -ling, -age, -ent

容易 ↑ ↓ 困難

B&N

レベル	接尾辞
3	-able(NFC), -er, ***-ish***, ***-less***, -ly(adv), ***-ness***, ***-y(adj)***
4	-al(adj), -ation, ***-ess***, -ful, -ism, -ist(NFC), ***-ity***, ***-ize***, ***-ment***, ***-ous***
5	-age, -al(n), -ally, -ance, -ant, -ary, -atory, -dom, **-eer**, -en(adj), -en(v), -ence, -ent, -ery, -esque, -ette, -hood, -i, -ite, -let, -ling, -ly(adj), **-most**, -ory, -ship, -ward, -ways, -wise
6	**-able(FC)**, -ee, -ic, -ify, -ion, -ist(FC), **-ition**, -ive, -th(n), -y(n)

4. 第二言語学習者に対する英語の派生接辞の指導

第二言語学習者に対する英語の派生接辞の指導効果を調べた研究は少ない。本節では，第二言語学習者全般または JLEs を対象とした 3 つの研究を概説する。

Friedline (2011) は第二言語学習者全般を対象として，英語の派生接尾辞

14 (adj) 形容詞を派生，(v) 動詞を派生，(n) 名詞を派生，(adv) 副詞を派生，(FC) 基体の形を変える，(NFC) 基体の形を変えない

の習得に暗示的指導[15]がどのような影響を及ぼすかを調査した[16]。すなわち，暗示的指導が接尾辞の知識を増やすかどうか，暗示的指導のタイプによって効果に差があるか，学生は各タイプの指導から語の形態について何を学ぶか，の3点を調べた。実験参加者は81人の大学生で2つの指導群に分けられ，41人はインプットの指導，40人はアウトプットの指導を受けた。彼らはまたミシガン英語能力テストの結果にもとづき，2つの言語能力レベルに分けられた[17]。その内訳は32人が下位中級学習者，49人が上位中級学習者である。参加者の母語は多岐にわたり，うちアラビア語が48人，中国語14人，日本語3人，韓国語7人，スペイン語4人，ロシア語2人，スロバキア語1人，トルコ語1人であった[18]。

実験は1学期（14週）間おこなわれた。8クラスが2つの指導群に分けられ，うち4クラスにはインプット強化の指導，残り4クラスにはアウトプットを引き出す指導がなされた。いずれのグループも1週間につき15～20分間の指導を受け，その内容は，接辞付加にかかる制約と，基体語とその派生語の関連性についての知識（例：creationとcreativeが，基体createに関連するという知識）に焦点を当てて教えるものであった。

実験の結果，第二言語学習者が持つ派生接尾辞の知識，とりわけ産出知識は限られており，指導は第二言語の受容知識と産出知識の両方に効果的で，特に後者の知識を持続させることが証明された。インプット群とアウトプット群は同等の知識を得ることができ，インプット群については派生形を認識するだけでなく，アウトプット群同様に産出もできるようになった。さらに，どちらの群も同じぐらい派生接辞の知識が持続した。これらの結果にも

15 暗示的指導とは，学習者の意識をインプットに向けて，メタ言語による説明を与えずに規則を推測させる指導である（DeKeyser, 2003, Ellis, 2008）。

16 Friedlineは，第二言語学習者が持つ英語の派生接辞の知識についても調査し，彼らが母語や第二言語能力に関わらず派生接辞の知識に乏しいことを明らかにしている。紙面の制約により3節では割愛したが，詳しくはFriedline（2011）を参照されたい。

17 ミシガン英語能力テスト（Michigan Test of English Language Proficiency: MTELP）は，ミシガン大学とケンブリッジ大学が共同で提供する，教育機関の英語教育プログラムのためのテストである。初級・中級・上級の3レベルがあり，聴解，読解，文法知識と語彙の4分野における英語学習者の達成度や進捗度を測定する。

18 合計人数が実験参加者の人数と異なるが，引用文献の原文のまま記す。

とづき，Friedline は派生接尾辞の指導を，第二言語学習者のための英語教科書や英語教育カリキュラムに本格的に組みこむべきだと主張している。

この研究は，インプット群とアウトプット群の比較により，さまざまな条件下で指導が受容知識と産出知識に与える効果を幅広く調査している。しかしその指導が暗示的指導のみなので，明示的指導[19]の効果は明らかにされていない。またタスクとテストは，参加者が派生接辞ではなく派生形の知識を持っていれば正答できるものであった。さらに，テスト項目は 6 種類の接尾辞（-ity, -tion, -able, -ness, -ful, -al）と 3 組の接尾辞の組み合わせ（able+ity, ful+ness, tion+al）から成っているが，数も種類も限られていた。そのうえ，この実験では，厳密な意味での外国語教室における指導効果が測定されていない。英語圏在住の第二言語学習者に指導を与えているので，教室外の自然な言語環境が学習に及ぼす効果を除外できないのである。

岡田（2007）は，非英語圏である日本国内の教室の JLEs に対する英語派生接辞の明示的指導の効果を調査した。実験参加者は 244 人の高校生で，4 日間連続で 1 日 20 分間の指導を与えた。指導された項目は接頭辞 10 種類（dis-, de-, in-, ex-, pre-, sub-, re-, en-, a-/ad-, post-），接尾辞 5 種類（-er, -less, -ful, -en, -able），語幹 4 種類（port, uni, bi, tri）である[20]。指導は，説明文と練習問題を載せた配布物を用いておこなわれ，参加者らは指定時間内で配布物に取りくむよう指示された。実験の結果，接辞の学習方略を教えた明示的指導は，参加者の学習意欲を高めることがわかった。

この研究は，JLEs に対する接頭辞と接尾辞両方の明示的指導を扱った点では貴重である。しかしプレテストやポストテストの接辞の正答数や正答率を測っていないので，指導が接辞の理解度に及ぼす効果は検証していない[21]。

Tamura（2020）は，JLEs に対する派生接辞の明示的指導の効果を測定した。

19　明示的指導とは，暗示的指導とは逆に，教師が学習者にメタ言語を用いて規則を説明し，それを適用させる指導である（DeKeyser, 2003, Ellis, 2008）。

20　岡田はこれらを「語幹（stem）」と呼んでいるが，この用語は本来，屈折接辞が付く形態素を指す。正しくは，port は「基体（あるいは語根）」，uni-, bi-, tri- は「接頭辞」とするべきである。

21　これは，岡田の専門が教育心理学で，学習方略の指導が学習意欲に及ぼす影響を調べるために実験計画を立てていたからである。その目的のための指導材料として，英語の接辞と基体が選ばれたに過ぎない。

Friedlineとの違いは，非英語圏の外国語教室で明示的指導の効果を調べた点にある。また調査の範囲を，インプット群の受容知識に対する指導効果に絞りつつ，テスト項目には接頭辞と接尾辞両方を含む多数の派生接辞を採り入れた。一方，岡田と異なるのは，扱った接辞の数もさながら，指導前後の正答数や正答率を測定する量的研究をおこなった点である。

実験参加者は71人で，実験群と統制群に分けられた。テスト項目はB&Nの「レベル5」に属する45種類の派生接辞で，その内訳は接頭辞17種類，接尾辞28種類である。接辞は4つのグループに分けられ，各グループに属する接辞は11ないしは12種類であった。プレテストの後，実験群は4グループの接辞を1週間に1回，2週連続で指導された。1回目の指導では，接辞を1種類ずつ順に教え，その意味と発音を説明した。接尾辞については，付加する前と後の品詞の変化についても説明した。各接辞を指導する際には，1つの基体（例：war）と1つの派生語（例：antiwar）から成る1組を例として用い，さらに2つの派生語（例：antigovernment, antinuclear）から成る練習問題を解かせた。2回目の指導では，1回目の内容を簡潔に復習した。指導の直後にはポストテスト1を実施し，その後4週間の間隔を置いてポストテスト2をおこなった。実験群は3つのテストをすべて受けたが，統制群はプレテストとポストテスト2だけを受けた。

その結果，図2に示すように，明示的指導は全体的にJLEsの接辞の理解度を引き上げることが判明した。接頭辞については平均正答率が51.6%から79.0%へ上昇し，接尾辞では40.0%から61.2%への緩やかな上昇がみられた。

さらに，接頭辞では表3に示すように，anti-, semi-, neo-など8種類の習得が容易で指導しやすく，その効果もよく持続し，ante-, circum-, sub-など6種類の習得は困難だが指導により理解が促され，その効果が中程度に持続し，bi-, fore-, inter-の3種類も習得困難だが指導で理解が後押しされ，その効果もよく持続することが証明された[22]。

22　ここでいう「習得」の難易度とは，プレテストの段階における接辞の理解度を指す。また，「指導効果」の有無はプレテストとポストテスト1の結果の差にもとづき，「指導の持続可能性」の有無はポストテスト1とポストテスト2の結果の差にもとづいている。たとえば接頭辞bi-の場合，プレテストの正答数は低かったがポストテスト1で有意に上が

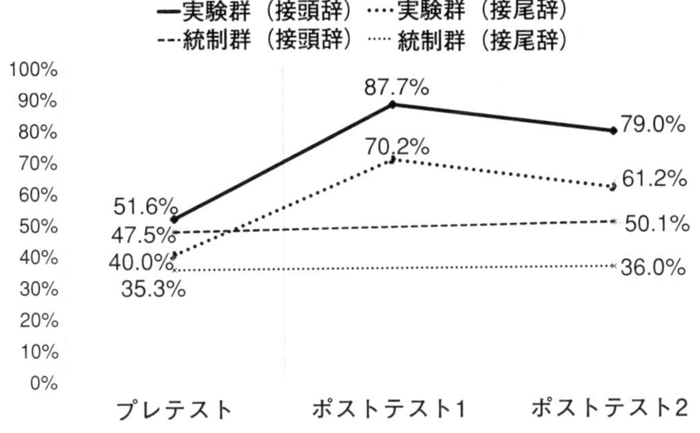

図 2　指導前後における接頭辞と接尾辞の正答率の推移[23]

表 3　接頭辞の指導効果とその持続性

接頭辞	習得	指導効果	指導の持続性
anti-, semi-, hyper-, counter-, ex-, neo-, un-(v), en-	容易	効果あり	持続可能
ante-, post-, pro-, arch-, circum-, sub-	困難	効果あり	やや持続可能
bi-, fore-, inter-	困難	効果あり	持続可能

一方，接尾辞については表 4 に示すように，-ally, -eer など 5 種類の習得が容易で指導の効果も持続し，-age, -ory を含む 17 種類は習得困難だが指導の効果がある程度継続し，-ent, -hood など 6 種類も習得困難で，指導により一時的に理解が促されるが，その効果が持続しないことがわかった。また接頭辞，接尾辞ともに，指導が全体として JLEs の派生接辞の理解を促すものの，習得難易度順序自体は変えないことも明らかとなった。

り，ポストテスト 2 でも下がらなかったため，「もともと習得が困難だが指導を与えれば理解度が上がり，その効果も持続する」接辞であるとみなした。

23　Tamura（2020, p. 104）

表 4　接尾辞の指導効果とその持続性

接尾辞	習得	指導効果	指導の持続性
-ally, -eer, -most, -ence, -ways	容易	効果あり	持続可能
-age, -ette, -wise, -let, -ling, -ant, -dom, -ite, -ory, -ery, -esque, -ly(adj), -atory, -ance, -ary, -i, -ward	困難	効果あり	やや持続可能
-al(n), -en(adj), -en(v), -ent, -hood, -ship	困難	一時的に効果あり	持続不可

個々の接辞間で指導効果に差が生じる要因については，接頭辞の指導では，接頭辞の意味素性，母語からの転移，第二言語学習者にとっての接辞の頻度の 3 つを挙げている。一方，接尾辞では，接尾辞の意味素性，接尾辞が派生する品詞，第二言語学習者にとっての接辞の頻度の 3 点が指導効果を左右するとしている。この研究の課題は，なぜ接辞の間に指導効果の差があるのか，その理由を理論的に解明することである。また，得られた指導効果の度合いがどのような状況においても高いのか，さらに実験を重ねて検証する必要がある。

5.　言語理論と習得難易度順序を応用した派生接辞の段階別指導案

最後に，英語の派生接辞の言語理論，およびその習得や指導の研究の知見を，どのように教育実践に活用するかについて簡単に触れたい。田村 (2020) は，教室で JLEs を教える英語教師のために，表 5 のように中学校，高校，大学の各段階に分けた派生接辞の指導法を提案した。

まず中学校低学年では，語には内部構造があり，日英語の語構造には類似点があることを伝える。その際には，日本語の派生接辞と派生語の例を先に紹介し，その後，習得がもっとも容易な non- と -er が付く英語の派生語を教える。中学校高学年では，語には接辞を含むものがあり，接辞は接頭辞と接尾辞に分類できることを説明する。この段階でも日英語を比較しながら，学習者の言語への意識を高めていく。指導する接辞は，semi-, re-, -ism, -ly(adv) など，習得が比較的容易なものである。

高校では，接辞に屈折接辞と派生接辞の 2 種類があることを指導する。さらに，neo-, counter-, -ful, -ition, -ion など，習得がやや容易，あるいは習得難易度が中程度の接辞を範囲に含める。

表 5　JLEs のための派生接辞の段階別指導案：中学校〜大学 [24]

段階	指導事項	接頭辞	接尾辞
中学校低学年	①語には内部構造がある ②日英の語構造には類似点がある	non-	-er
中学校高学年	①語には接辞が付くものがある ②接辞には接頭辞と接尾辞がある	hyper-, semi-, pre-, re-, anti-, un-[(adj)]	-ism, -ist[(NFC)], -ly[(adv)]
高校	接辞には屈折接辞と派生接辞がある	neo-, un[(v)]-, counter-, en-, in-	-eer, -able[(FC)], -most, -ful, -ition, -ion, -al[(adj)], -able[(NFC)], -ally, -ways, -ation
大学（一般教養）	派生接辞のうち，接頭辞は主に意味を変え，接尾辞は主に品詞（と意味）を変える	inter-, ex-, fore-, pro-, arch-, bi-, post-, ante-, circum-, sub-	-ist[(FC)], -ence, -ish, -ive, -ic, -ment, -ous, -ness, -ance, -ee
大学（専門）			-i, -ly[(adj)], -ward, -ant, -ary, -atory, -esque, -ory, -ity, -en[(adj)], -dom, -ize, -ery, -th[(n)], -y[(adj)], -y[(n)], -ite, -ify, -en[(v)], -ess, -less, -hood, -al[(n)], -ship, -wise, -ette, -let, -ling, -age, -ent

最後に，大学の教養課程では，中高で指導された言語理論を簡潔に復習する。その後，接頭辞と接尾辞の違いについて，中高よりさらに詳しい説明を与える。すなわち，接頭辞は主に基体の意味を変えるが，接尾辞は主に品詞

24　表 5 は田村・白畑（2018）の習得難易度順序にもとづいている。

（と場合によっては意味）を変えるという違いである。指導範囲も inter-, ex-, -ish などの習得困難な接辞にまで拡大し，もっとも困難な -ary, -esque, -age などについては，英語専攻の学生が専門課程で学ぶものとする。

6. おわりに

本章では，派生接辞の言語理論から習得や指導の研究，さらにその教育への応用例まで紹介した。具体的にはまず，英語の語構造と派生接辞について述べ，基体，接頭辞と接尾辞，屈折接辞と派生接辞の関係を整理した。

次に，派生接辞の第二言語習得を扱った研究を，知識全般を測ったものと習得難易度順序に焦点を当てたものに分けて概説した。その後，第二言語学習者に対する派生接辞の指導の研究について述べ，第二言語学習者全般あるいは JLEs を対象としたものがあること，また，明示的指導あるいは暗示的指導の効果を調べたものがあることを示した。最後に，言語理論や言語習得の知見を教育へ応用する例として，JLEs のための段階別指導案を提示した。

本章は英語の語彙の習得や指導に関心のある入門者を，派生接辞の習得や指導の研究の世界へいざなうために書かれたものである。本章を読んだ方がこの領域に関する知識を得て，新たな興味を抱いてくだされば幸いである。

【外国語教育に関わる人が知っておくべきポイント】

・語には内部構造があり，おおまかに言えば基体と接辞に分けられる。
・接辞には屈折接辞と派生接辞，また接頭辞と接尾辞がある。屈折接辞と派生接辞，接頭辞と接尾辞は，いずれもその役割や性質が異なる。
・派生接辞には習得難易度順序があり，指導効果にも差がみられる。
・派生接辞を教える際は，その言語理論や習得難易度，指導効果の差を視野に入れて体系的におこなうのがよい。そうすれば学習者は，恣意的な順序で個々の接辞に接するよりも，効率的なかたちで接辞を学び，派生語の語彙量を無理なく増やせる可能性がある。

【執筆者から読者へのメッセージ】

英語の派生接辞の第二言語習得とその指導は，未知の部分が多いので非常に研究しがいのある分野である。本章を読んで関心を持たれたら，ぜひ足を踏み入れて探求と発見のおもしろさを味わっていただきたい。

付　記

本章は，Tamura (2020)，田村 (2020)，および田村・白畑 (2018) で執筆した内容を，言語習得と言語教育分野の入門者に向けて簡潔にまとめ，加筆修正したものである。

参照文献

Adams, V. (1973). *An introduction to modern English word-formation.* Longman.

Aizawa, K. (1998). Developing a vocabulary size test for Japanese EFL learners. *ARELE*, *9*, 75–85. https://doi.org/10.20581/arele.9.0_75

Bauer, L. (1983). *English word-formation.* Cambridge University Press.

Bauer, L., & Nation, P. (1993). Word families. *International Journal of Lexicography*, *6*(4), 253–279. https://doi.org/10.1093/ijl/6.4.253

DeKeyser, R. (2003). Implicit and explicit learning. In C. J. Doughty, & M. Long (Eds.), *The handbook of second language acquisition* (pp. 313–348). Blackwell.

Ellis, R. (2008). *The study of second language acquisition* (2nd ed.). Oxford University Press.

Friedline, B. (2011). *Challenges in the second language acquisition of derivational morphology: From theory to practice* [Unpublished doctoral dissertation]. Pittsburgh, Pennsylvania: University of Pittsburgh. D-Scholarship@Pitt. http://d-scholarship.pitt.edu/id/eprint/8351

Katamba, F. (1994). *English words.* Routledge.

Leontjev, D. (2016). L2 English derivational knowledge: which affixes are learners more likely to recognize? *Studies in Second Language Learning and Teaching*, *6*(2), 225–248. https://doi.org/10.14746/ssllt.2016.6.2.3

Mochizuki, M., & Aizawa, K. (2000). An affix acquisition order for EFL learners: An exploratory study. *System*, *28*(2), 291–304. https://doi.org/10.1016/S0346-251X (00) 00013-0

望月正道・相澤一美・投野由紀夫 (2003).『英語語彙の指導マニュアル』大修館書店.

Nation, I. S. P. (2013). *Learning vocabulary in another language* (2nd ed.). Cambridge University Press.

野呂忠司 (2014).「外国語の語彙学習と指導法」門田修平 (編)『英語のメンタルレキシコン―語彙の獲得・処理・学習―』(pp. 265–304). 松柏社.

大石強 (1988).『形態論』開拓社.

岡田いずみ (2007).「学習方略の教授と学習意欲―高校生を対象にした英単語学習において―」『教育心理学研究』*55*(2), 287–299. https://doi.org/10.5926/jjep1953.55.2_287

Plag, I. (2003). *Word-formation in English.* Cambridge University Press.

Schmitt, N. (2000). *Vocabulary in language teaching*. Cambridge University Press.

Schmitt, N., & Meara, P. (1997). Researching vocabulary through a word knowledge framework: Word associations and verbal suffixes. *Studies in Second Language Acquisition*, *19*(1), 17–36. https://doi.org/10.1017/S0272263197001022

Schmitt, N., & Zimmerman, C. B. (2002). Derivative word forms: What do learners know? *TESOL Quarterly*, *36*(2), 145–171. https://doi.org/10.2307/3588328

Tamura, T. (2020). *Japanese speakers' L2 acquisition and explicit instruction on English derivational affixes* [Unpublished doctoral dissertation]. Aichi, Japan: Aichi University of Education and Shizuoka University.

田村知子 (2020).「派生接辞の特徴とその指導法」白畑知彦・中川右也 (編)『英語のしくみと教え方―こころ・ことば・学びの理論をもとにして―』(pp. 51–74). くろしお出版.

田村知子・白畑知彦 (2018).「日本語を母語とする英語学習者の派生接辞の習得難易度順序」白畑知彦・須田孝司 (編)『語彙・形態素習得への新展開』(pp. 125–161). くろしお出版.

3

他動詞と自動詞の区別と明示的指導

—非対格動詞の場合—

大瀧綾乃

1. はじめに

日本語を母語とする英語学習者に見られる誤りの1つに，自動詞（非対格動詞）を伴う文，例えば The accident happened. を非文法的な文と判断をし，他動詞として用いた文，例えば *Tom happened the accident[1]. を正しい文であると誤って判断してしまう現象がある。本章では，英語学習者が他動詞と自動詞の区別に対して正しい知識を持ち，上記のような誤りを減らすために，どのような文法指導の内容と方法を用いて教えれば効果的なのかについて実験を実施して検証し，その効果について考える。本研究では，文法指導法の中でも特に明示的文法指導について取り上げる。教師が自動詞に対する明示的文法指導を行う際には，学習者にどのような情報を与えるのが効果的なのかという点について，特に「否定証拠」の提示の有効性に着目して論じる。

本章では，2節において自動詞（非対格動詞）とその習得研究について述べる。3節では非対格動詞に対する明示的文法指導について，先行研究も踏まえて説明する。4節と5節では非対格動詞に対する明示的文法指導の実証研究を紹介し，6節と7節では非対格動詞に対する明示的文法指導の中で否定証拠を用いることの効果について検証した実験を紹介する。8節では，本章のまとめを述べる。

2. 非対格動詞とその習得

目的語を必要とするかしないかという点から英語の動詞を分類すると，

1 ＊は，その文が非文法的であることを示す。

(1) のように示すことができる。目的語を必要とする動詞を (1a) 他動詞，必要としない動詞を自動詞と呼ぶ。自動詞はさらに (1b) 非能格動詞と (1c) 非対格動詞に分類される。(1d) 自他両用の動詞は，他動詞としても自動詞としても使われる動詞である。

(1)　動詞の分類とその例[2]

a.　他動詞：例 accept, build, kick, respect

b.　自動詞 (非能格動詞)：例 cough, dance, jump, sneeze

c.　自動詞 (非対格動詞)：例 arrive, appear, disappear, occur

d.　自他両用の動詞：例 break, burn, decrease, open

自動詞を用いた文は他動詞とは異なり，自動詞の後ろに目的語となる名詞句を置くことができない。例えば Hanako arrived at the airport. のように，「主語ー動詞」の自動詞用法の文となる。本研究では，自動詞の中でも (1c) 非対格動詞の習得に焦点をあて，英語学習者が非対格動詞について正しい知識を持ち，非対格動詞を伴う能動文 (例 The car accident happened.) は文法的な文であり，非対格動詞を過剰他動詞化した文 (他動詞として用いた文) (例 *Taro happened the car accident.) が文法的に誤りであると理解できるようになるために，教師はどのような指導内容と指導法を行うべきかという点を検証する。

自動詞は非能格動詞と非対格動詞に分類されると述べたが，これらの自動詞の違いは，(i) 動詞の意味，(ii) 主語の意味役割から判断することができる。(i) 動詞の意味においては，非能格動詞が dance のように主語名詞句による意識的な行為や cough のように人間の生理的な活動を表すのに対し，非対格動詞は appear のような存在・出現や，fall のような位置や状態の変化を表す[3]。(ii)主語の意味の役割から 2 種類の動詞の違いを見てみると，非能格動詞の主語 (例：Taro swam in the river. の主語 Taro) は動詞の動作を行う行為者であり，一方で非対格動詞の主語 (例：The car accident happened. の主語

2　影山 (1996)

3　影山 (1996)

The car accident）は，動詞が表す状況や変化の対象となる名詞句である[4]。

非対格動詞を伴う文に対する理解において，第二言語学習者はどのような誤りをするのだろうか。これまでの研究で，第二言語学習者はHanako arrived at the airport.のような非対格動詞を伴う文法的な自動詞文を誤りであると判断し，（2a）のように他動詞として用いた文を正しいと誤って理解，あるいは産出することが明らかになっている[5]。さらに，（2b）のような非文法的なbe+過去分詞の形を正しいと理解または産出することが明らかになっている[6]。

(2)　学習者に見られる非対格動詞に関する誤り[7]

a. *Taro happened the car accident.
（正しい文：Taro caused the car accident. / The car accident happened.）

b. *The star was appeared.
（正しい文：The star appeared.）

なぜ，このような誤りが観察されるのだろうか。その理由として，筆者は次の2点を挙げたい。1点目として，英語学習者が非対格動詞を自動詞として扱わず，他動詞と自動詞両方ともに使われる自他両用の動詞として扱った可能性が考えられる[8]。その要因としては，学習者に動詞の分類(他動詞・自動詞・自他両用の動詞）についての知識が不足していることが挙げられる。さらに，母語である日本語からの影響を受けたことも要因として考えられる。日本語の動詞は，共通の語幹に接辞を付けることで，他動詞と自動詞とを交替をさせる（例：起こる（oko-ru），〜を起こす（oko-su））。よって日本語が母語の英語学習者は，母語の日本語からの影響を受け，英語の自動詞を

4　自動詞を非対格動詞と非能格動詞に二分することについて，主語の意味役割だけで単純に分けられない等の見解もある（Takami & Kuno, 2017）。

5　近藤・白畑（2015），Kondo & Shirahata（2015），Oshita（2000）他

6　近藤（2019）他

7　近藤（2019）は，英語学習者は同じ自動詞であっても非能格動詞を伴う自動詞文は文法的であると正しく判断できる一方で，非対格動詞を伴う自動詞文は非文法的であると誤って判断する傾向にあると述べている。

8　近藤（2019）

日本語の動詞の語幹のみ（上の例では oko）に相当すると考え，日本語のように自他両用の動詞であると理解してしまう可能性がある。

誤りを引き起こす 2 点目の理由として，英語学習者が主語名詞句の有生性からの影響を受ける可能性が考えられる[9]。(3)に示すように，同じ非対格動詞 arrive を伴う文であっても，主語の名詞句が有生物であるか，無生物であるかということが，英語学習者が文の文法性を正しく判断する際に影響を与えることが明らかになっている[10]。白畑他(2020)は，日本語母語の英語学習者が，(3a) の有生物名詞句の主語（Hanako）を持つ文よりも，(3b) の無生物名詞句の主語（The present）を伴う文を文法的に誤りであると判断する傾向があることを明らかにしている。さらに，(3b) の無生物名詞句の主語を伴う能動文と (3c) のように同じ主語を伴っていても非文法的である be+ 過去分詞の形を提示すると，英語学習者は (3c) の非文法的な文の方を文法的であると誤って判断する傾向があることを報告している[11]。

(3)　有生物名詞句と無生物名詞句の主語を伴う非対格動詞の文の例

a.　有生物名詞句主語：Hanako arrived at the train station.

b.　無生物名詞句主語：The present arrived at my home.

c.　無生物名詞句主語（非文法的）：*The present was arrived at my home.

非対格動詞を伴う文の文法性を判断する際に，なぜ英語学習者は主語の有生性からの影響を受ける傾向にあるのだろうか。考えられる可能性として，人間は言語を解釈・使用する際に「能動文の主語にくる名詞句は有生物である」というストラテジーが働き，そのストラテジーが第二言語学習においても強く働くためであると考えられる[12]。非対格動詞の主語は，動詞が表す状況や変化の対象となる名詞句であり，他動詞や非能格動詞の主語の意味役割である行為者ではない。そのため (3) のように，非対格動詞の主語には，動

9　白畑他 (2020)

10　白畑他 (2020)

11　白畑他 (2020)

12　このような考え方は，Jackendoff (2002) 等により提案されている。白畑他 (2020) は，このようなストラテジーが，第二言語学習者においても強く働くことを指摘している。

詞の影響を受ける無生物名詞句もなることができる。しかし，非対格動詞を伴う能動文の主語に無生物名詞句があると，英語学習者は主語名詞句が動詞の動作を能動的に行えるものではないので不自然であると判断し，be+ 過去分詞の形を正しいと判断する傾向があると考えられる[13]。

英語学習者が非対格動詞を用いた文を正しく理解できるようにするために，教師は学習者にどのような学習内容を提供すればよいのだろうか。筆者は，前述した非対格動詞を伴う文を誤って解釈してしまう要因 2 点，すなわち，①他動詞と自動詞に関する知識 (動詞の分類，文の構造)，②主語名詞句の有生性に関する知識，について教師が学習者に明示的に文法事項として説明することが必要であると考える。

3.　非対格動詞に対する明示的文法指導

明示的文法指導とは，教師がある文法項目を学習者に説明して教える指導を指す。教師が明示的文法指導を学習者に与えることにより，学習者は「意識的気づき (文法項目に意識を向ける) → 意識的理解 (文法項目について知っている状態になる) → 内在化 (文脈の中で練習することを通して言語運用に反映させる) → 自動化 (習得)」のプロセスを経て習得を進めることになると考えられている[14]。では明示的文法指導は，第二言語習得に常に効果があるのだろうか。白畑 (2015) は，日本語を母語とする英語学習者を対象に複数の文法項目に対して明示的文法指導を実施し，その結果をまとめた。白畑は，明示的文法指導は全ての文法項目に効果があるのではなく，(4) (5) に示すように，効果的である文法項目 (例：主語と話題の相違，比較表現) と効果的ではない文法項目 (例：冠詞，名詞の単数形・複数形) があると提案している[15]。

13　同様の現象が自他両用の動詞の習得においても観察されている (Otaki & Shirahata, 2017)。

14　白畑 (2015)

15　白畑 (2015) は，明示的文法指導は学習者の英語の習熟度とも関わりが強く，習熟度が高い学習者により効果的であることを指摘している。本章で紹介する実験の参加者は大学生であり，一定程度の英語習熟度を持つため，明示的文法指導の効果を期待できると判断した。

(4)　明示的文法指導，誤り訂正が効果的である文法項目の特徴[16]
　a.　規則の内部構造が単純である
　b.　語彙的意味[17]の伝達が主となる
　c.　日本語 (母語) に類似した概念・構造が存在する
　d.　今まで十分に教えていない

(5)　明示的文法指導，誤り訂正が効果的ではない文法項目の特徴[18]
　a.　規則の内部構造が複雑な項目
　b.　文法的機能の伝達が主となる項目
　c.　日本語 (母語) に同じか類似した概念・構造が存在しない項目
　d.　その規則についてすでに十分な知識[19]を持っている項目

筆者は非対格動詞に対する明示的文法指導は効果があると考える。その理由として，1 点目に自動詞 (非対格動詞) を伴う文構造は「主語＋動詞」と単純であり，日本語にも「事故が起こった (= The accident happened.)」のように非対格動詞を伴う文に対応する表現があるため学習者は理解しやすいと考えられるためである。2 点目として，動詞は文の意味を伝達する際に中心的役割を担っており，意味の伝達に関わる項目の方が文法的機能に関する項目よりも学習者は理解しやすいと考えられるためである。そして 3 点目に，動詞の分類 (自動詞・他動詞・自他両用の動詞) や自動詞と他動詞の区別について指導を十分に受けて来なかった英語学習者が一定数存在することがわかっており[20]，十分に指導されてこなかった項目について指導をすれば，学習者の理解が進む可能性があることが予測できるからである。以上の 3 点は，「(4) 明示的文法指導，誤り訂正が効果的である文法項目の特徴」にも当てはまる。よって，教師が非対格動詞についての明示的文法指導を与えることは，学習者が非対格動詞を伴う文の構造と主語の意味的特徴を正しく理

16　白畑 (2015, p. 182)
17　「語彙的意味」とは，その単語や文法項目が持つ概念，内容を示す。
18　白畑 (2015, p. 182)
19　(5d)「知識」とは，「規則を説明できること」を意味すると本章では考える。
20　近藤・白畑 (2015, p. 58)，大瀧 (2020, p. 29) による大学生の他動詞と自動詞の区別に関する知識についてのアンケート調査結果を参照。

解するために効果があると仮定できる。

非対格動詞に関する第二言語習得研究は数多く存在するものの，誤りに対する効果的な文法指導法について検証された研究はあまりない[21]。ここで，非対格動詞に対する明示的文法指導の効果を実証した研究を紹介する。

4. 非対格動詞に対する明示的文法指導の実証研究：近藤・白畑（2015）

近藤・白畑（2015）は，日本語が母語の大学生の英語学習者に，自動詞と他動詞の区別に関する明示的文法指導を計 3 回（各回約 25 分程度）与えた。第 1 回目の指導では，他動詞と自動詞とは何か，他動詞と自動詞の区別に基づく動詞の分類，文の構造について (6) のように例文を用いて説明を行った。各動詞の分類に当てはまる具体的な動詞も提示して説明した。

(6)　近藤・白畑（2015）第 1 回目の指導資料（自動詞用法のみ抜粋）[22]
自動詞用法のみの動詞：NP-V（NP が V する）
The accident happened. 事故が起きた。
*Mary happened the accident. メアリが事故を起こした。

第 2 回目の指導では，(7) に示すように，自動詞と他動詞の用法について，各動詞を用いた例文を使って説明を行った。各動詞について，対応する日本語を提示し，「主語－動詞」の構造であること，物を主語にすることができる等の説明をした。

(7)　近藤・白畑（2015）第 2 回目の指導資料（抜粋）[23]
自動詞用法のみの動詞
（重要事項）物を主語にしてでも使うことができる
・appear［自］現れる，出現する，姿を見せる
A man suddenly appeared (in the doorway).
（男の人が突然戸口に現れた）［人が主語の場合］

21　Kondo 他（2020），Kondo & Shirahata（2015），近藤・白畑（2015）
22　近藤・白畑（2015, p. 59），NP は名詞句を意味する。
23　近藤・白畑（2015, p. 59），第 2 回目では他動詞用法のみの動詞も説明している。

*A magician suddenly appeared a man (in the doorway).［目的語を取れない］
Mt. Fuji appeared.（富士山が見えてきた）［物が主語の場合］

そして第3回目の指導では，(8) に示すように，自他両用の動詞の用法について，第2回目と同様に例文を用いて説明を行った。

(8)　近藤・白畑 (2015) 第3回目の指導資料 (抜粋)[24]
自動詞・他動詞用法両方ある動詞
・break［自］壊れる，割れる［目的語を取らない］
My camera broke. カメラが壊れた
［他］～を壊す，～を割る［目的語を必要とする］
Someone broke the camera. 誰かがカメラを壊した

学習者の非対格動詞に対する知識を，指導前と指導後に文法性判断テスト[25]を用いて調査した。テスト文の例を (9) に示す。(9a) は自動詞文で文法的であり，(9b) は自動詞を他動詞として用いた文で非文法的である。日本語で文脈を説明した文とそれに続く英文のテスト文が与えられ，実験参加者はテスト文の下線部分が文法的か，非文法的か，わからないかを回答した。実験参加者が (9a) のような文は正しい文であると答え，(9b) のような文は誤りであると答えることができれば正答である。

(9)　近藤・白畑 (2015) で用いられたテスト文[26]
a.　自動詞 (非対格動詞) の文
It was cloudy in the morning, but the sun appeared from behind the clouds in the afternoon.
b.　自動詞 (非対格動詞) を他動詞として用いた文

24　近藤・白畑 (2015, pp. 60–61)
25　文法性判断テスト（タスク）とは，実験参加者にある文が文法的であるか否かを判断させるものである。非文法的な文に対する理解を測定する際に有効である（白畑他, 2019, p. 121）
26　近藤・白畑 (2015, p. 62)

*It was cloudy, but the strong wind appeared the moon from behind the clouds.

3 回（指導前・指導後・指導 5 週間後）にわたって文法性判断テストを実施した結果，近藤・白畑（2015）は，（9a）のように文法的な自動詞文と（9b）のように非対格動詞を他動詞として用いた非文法的な文について，それぞれ指導前から指導直後，そして指導 5 週間後にかけて正答率が向上したと報告している。つまり，近藤・白畑（2015）が用いた非対格動詞に対する明示的文法指導は指導後 5 週間まで効果があったことがわかった。さらに，（9b）のような過剰他動詞化した非文法的な文への正答率の方が，（9a）のような文法的な自動詞文に対する正答率よりも低いことがわかった。このことにより，明示的文法指導を受けた後であっても，学習者が（9b）のような非対格動詞を他動詞として用いる文を文法的であると誤って解釈している可能性が残った。

以上，近藤・白畑（2015）による明示的文法指導の検証結果より，指導には効果があることが明らかになった。しかし，他動詞，自動詞，自他両用の動詞について説明するだけではなく，第 2 節でも述べたように「主語の有生性」を強調して詳しく説明すること，学習者の理解度を測る際には，各動詞につき有生物と無生物名詞句両方の主語を用いた問題文が必要と筆者は考え，非対格動詞に対する明示的文法指導の実験（大瀧, 2021）を行った。

5. 非対格動詞に対する明示的文法指導の実証研究：大瀧（2021）

大瀧（2021）は，非対格動詞に関する明示的文法指導の効果を実証することを目的とし，英語学習者に指導を行った。特に，2 節で述べたように学習者の誤りの原因と考えられる，「①動詞の分類・自動詞の構造」と「②主語の特徴（有生性）」に焦点を当てた明示的文法指導を行い，指導後に非対格動詞に対する理解がどう変化するかを検証した。

実験参加者は日本語を母語とする大学生で，明示的文法指導を行う実験群に 41 名，行わない統制群に 20 名が参加した。彼らの英語の熟達度レベルは初級から中級レベルであった[27]。

実験の流れは，次の通りである。まず実験群には，事前テストとして非対格動詞に対する文法性判断テストを実施し，明示的文法指導を週に 1 回，計 3 回実施した。そして指導第 3 回から 1 週間後に直後テスト(事後テスト 1)，10 週間後に遅延テスト（事後テスト 2）を実施した。統制群には，事前テストと事後テスト 2 を実施した[28]。テストを行った非対格動詞は，appear, arrive, disappear, fall, happen の 5 つである。これらの動詞を明示的文法指導においても用いた。

指導 1 回目は，他動詞と自動詞の違い，および他動詞と自動詞を伴う文の構造について説明した後，他動詞と自動詞の分類に基づいて，動詞は他動詞，自動詞，自他両用の動詞に分類されることを説明した。その後，他動詞，自動詞，自他両用の動詞について，例文と対応する日本語を提示して説明を行った。自動詞を他動詞として用いる等の誤りの文も提示した。

指導 2 回目では，非対格動詞を伴う文の構造について理解を深めることを目的とし，(10) に示すように口頭産出練習をペアワークで行った。A さんが【状況・場面】，【日本語の文】，【英語の文】の主語を B さんに伝え，B さんは主語に続く英文（非対格動詞を伴う文）を口頭で A さんに伝えた。

(10)　非対格動詞を用いた文の口頭産出練習の例[29]

A:【状況・場面】駅に向かおうとした John は，昨日車を修理に出したことに気が付きました。

【日本語の文】John は，バスで駅に着きました。

【英語の文】John (　　　　　　　　).

B: “John arrived at the train station by bus.”

---

27 The Oxford Quick Placement Test (2001) の成績に基づく。両群の平均値を比べると，統制群の方が実験群よりも若干高い傾向にあったが（t 検定の結果：p =.06），両群の英語の熟達度レベルは大きくは変わらず，指導の効果を比較できると考えた。

28 統制群には，実験群に対する説明に相当する指導は実施せず，通常の英語の授業を実施した。

29 大瀧 (2021, p. 165)。本練習で使用した文の主語は，各非対格動詞につき有生物名詞句だけではなく，無生物名詞句も使用した。

ペアワーク後，教師は非対格動詞を用いた文についての誤り例を提示し，英語学習者が，非対格動詞を誤って *John arrived his mother at the train station. のように非対格動詞を過剰に他動詞化した文や，*John was arrived at the train station by bus., *The bus was arrived at the train station. のような be+ 過去分詞の形を正しいと理解，産出する傾向にあることを説明した。

指導3回目では，非対格動詞を伴う文の主語に注目した。非対格動詞は，「存在・生成・消滅などの様子」を表す自動詞であり，その主語は，「動詞の動きを受ける物体や人」を表すことを説明した。その際に，非能格動詞を用いた文と比較しながら説明した。そのうえで，主語は有生物名詞句と無生物名詞句の両方がなりえると説明した。最後に，学習者が「主語に無生物名詞句を伴う非対格動詞の文（例 A letter arrived.）」を文法的な文であるにも関わらず，正しくない文であると誤って判断する傾向にあることを説明した。

指導前後に実施した文法性判断テストでは，各非対格動詞について文法的な自動詞文と非文法的な他動詞化した文を用意した。また，それぞれの文について，主語の名詞句を有生物と無生物の2種類設定した。(11) に示すように，【問題】にある英文の下線部分が正しく使われていると判断すれば「㋐ 正しい」に，誤って使われていると判断すれば「㋑ 誤っている」に丸をつけた[30]。

(11)　文法性判断テストの例[31]

【状況・場面】　私は，遠くに住む親友にお礼の電話をかけました。なぜなら

【問題】　The present from my best friend <u>arrived</u> at home.

㋐ 正しい

㋑ 誤っている【(修正した文を書く)】

実験群の結果を図1に示す。自動詞文を正しいと回答した場合と他動詞として用いた文は誤りであると回答した場合が正解であり，各問1点で最大値

30 「㋑ 誤っている」に丸をつけた場合，正しいと思う文を括弧内に書いてもらった。

31 大瀧（2021, p. 166）

を 10 点とした。文法的な自動詞用法の平均値は事前テストから事後テスト 1 では上昇し，事後テスト 2 にかけては低下したが，事前テストよりも事後テスト 2 の方が平均値が上がっているため指導の効果があったと言える[32]。一方で，非文法的な文である他動詞用法の平均値は，事前テストから事後テスト 1，事後テスト 2 にかけて統計的に有意な差は見られず，指導の効果が見られなかった[33]。統制群の結果を図 2 に示す。自動詞用法においては事前テストと事後テスト 2 との平均値の差は統計的に有意ではなく，他動詞用法においては事前テストから事後テスト 2 にかけて平均値が低下した[34]。

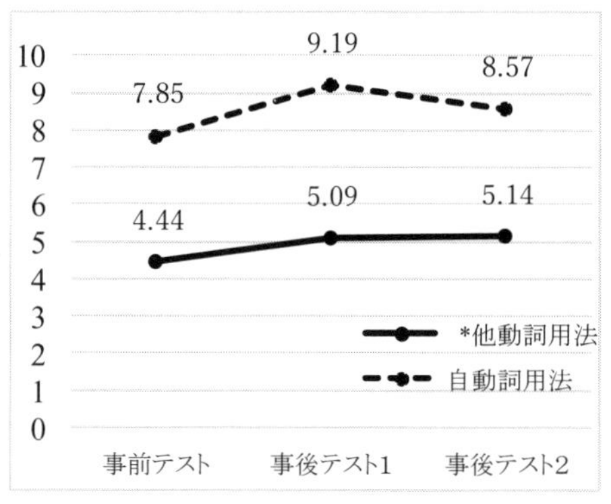

図 1　実験群の結果 [35]

図 2　統制群の結果 [36]

よって，自動詞用法については，指導 10 週間後においても明示的文法指導の効果が認められたと言えるが，他動詞用法については，明示的文法指導後も他動詞として用いた文を「正しい」と解答した学習者が多く，明示的文法指導の効果が認められなかったと言える。

32　1 要因分散分析の結果（F (1.6, 64.17) = 14.41, p < .001, partial η^2 = .26），ボンフェローニ法による多重比較を行った：事前テスト < 事後テスト 1 (p < .001)，事後テスト 1 > 事後テスト 2 (p = .003)，事前テスト < 事後テスト 2 (p = .03)。

33　1 要因分散分析の結果：F (2, 80) = 1.79, p = .17, partial η^2 = .04

34　2 要因分散分析後に単純主効果の検定を行った。自動詞用法：F (1,19) = 2.26, p = .15, partial η^2 = .11，他動詞用法：F (1, 19) = 6.63, p = .02, partial η^2 = .26

35　大瀧（2021, p. 167）

36　大瀧（2021, p. 167）

明示的文法指導で他動詞として用いた文は誤りであると説明したにもかかわらず，なぜ他動詞用法を誤りであると解答できなかったのだろうか。その理由を探るため，他動詞用法の結果を動詞別に見ていく。図 3 は，他動詞用法の動詞別の結果を示したものである。動詞によって，事前テストから事後テストにかけて平均値の変化が異なることがわかる[37]。arrive, fall については事後テスト 1 において平均値が上昇し，fall は事後テスト 2 まで平均値が維持されたものの，arrive は事後テスト 2 の平均値が事前テストと同程度まで低下した[38]。fall は指導 10 週間後まで効果が見られたが, arrive は指導 1 週間後に一時的な効果が見られた。

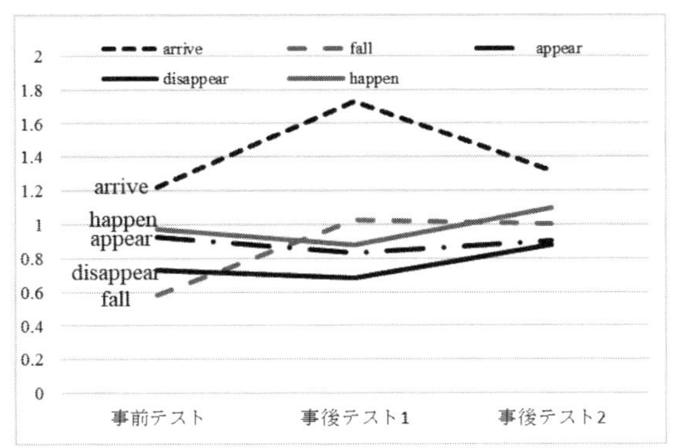

図 3　動詞別の結果（他動詞用法，実験群 41 名，最大値は 2）

一方で，appear, disappear, happen については指導の効果が見られなかった。特に appear と disappear の平均値が事後テスト 2 においても低かった理由については，母語からの転移等の可能性も含め，更なる考察が必要である。動詞別分析結果から，他動詞用法の理解において，調査したすべての動詞に効

37　2 要因分散分析（5 つの非対格動詞 × テスト 3 回）結果：交互作用 F (5.49, 219.50) = 2.92, $p < .01$, partial $\eta^2 = .07$。単純主効果検定：arrive, fall についてテスト間の平均値の差は統計的に有意であった（arrive $p < .001$ fall $p < .01$），appear, disappear, happen は統計的に有意ではなかった（appear $p = .82$, disappear $p = .48$, happen $p = .31$）。

38　多重比較の結果（ボンフェローニ法）：arrive 事前 < 事後 1（p =.002），事後 1 > 事後 2（p =.003），事前 = 事後 2（p =1.00）。fall 事前 < 事後 1（p =.01），事後 1= 事後 2（p =1.00），事前 < 事後 2（p =.04）

果がないということではなく，指導の効果が一時的または長期的に見られた動詞（arrive, fall）と効果が見られない動詞（appear, disappear, happen）に分かれたと言うことができる。

6. 明示的文法指導における否定証拠の提示の重要性

前節で紹介した大瀧（2021）の実験結果より，非対格動詞への明示的文法指導の効果は部分的であることがわかった。つまり，文法的な自動詞用法への理解に対して効果が見られた一方で，非文法的な他動詞として用いた文への理解に対して効果が見られない傾向があった。

非文法的な他動詞化した文を正しく「誤り」と学習者が認識できるようになるためには，どのような明示的文法指導の内容と方法が良いのだろうか。大瀧（2021）の結果から，ただ明示的文法指導を通して非対格動詞に対する知識を与えるだけでは不十分だと考えられる。ここで，どのような明示的文法指導が学習者の非対格動詞の「誤り」を減らすことができるのかを検討しよう。学習者が非対格動詞を他動詞として用いた文を誤りであると正しく認識できるようにするため，明示的文法指導において「否定証拠」を利用することの可能性に焦点をあてたい。

私たちが日常生活の中で触れる母語や外国語学習等にて触れる外国語といった言語データであるインプットについて簡単に説明しておきたい。インプットは，肯定証拠と否定証拠に分けることができる。肯定証拠とは，「ある文が文法的であることを示すインプット」であり，それに対して否定証拠とは「ある文が文法的に正しくないことを示すインプット」を指す[39]。母語を獲得する際，子どもの周りにいる親などの大人は，子どもが発話した文の文法性を訂正するような明らかな「否定証拠」を与えることはないと言われている[40]。つまり，子どもは肯定証拠のみをインプットとして与えられて母語を獲得していると言える。一方で，第二言語学習といった外国語学習においては，文法的に正しくない文に触れて学習することもあり，「否定証拠」がインプットとして与えられることを外国語学習者は経験している。

39　白畑他（2019, pp. 202–203），鈴木・白畑（2012, p. 73）

40　鈴木・白畑（2012）

否定証拠は，直接否定証拠と間接否定証拠[41]とに分かれる。直接否定証拠とは，誤りの表現について，誤りを指摘したり正しく言い換えることで与える証拠である。本章では，直接否定証拠の利用可能性を取り上げる。

第二言語習得において，教師が「直接否定証拠」を学習者に与えること，つまり教師が学習者の誤りを指摘したり，誤りについて説明したりして正しい言い方を提示することは，その言語項目の理解に効果があるのだろうか。否定証拠の利用可能性についてはこれまでも検証されてきたが[42]，本章では「非対格動詞に関する明示的文法指導において，直接否定証拠を用いることは効果がある」ことを示す。前述したとおり，第二言語学習者は非対格動詞を伴う文の理解において，他動詞化した文や be+ 過去分詞の形を正しいと判断する誤りが観察されている。直接否定証拠を用いることは効果があると考える理由は，このような学習者による誤りを教師が否定証拠を提示して指摘することで，学習者が非対格動詞を伴う文に対する誤りを見て誤りであると分かる（気づく）ことができ，非対格動詞を伴う文は，「主語－動詞」の構造を持つと正しく理解することができると考えるためである。否定証拠（学習者による誤り）を学習者に気づかせることなしに，非対格動詞が正しく用いられた自動詞用法の文のみを提示して学習者に説明していては，学習者は非対格動詞を伴う誤りの文が誤りであると気づくことが難しいと考える。

非対格動詞も含めた自動詞と他動詞への理解において，否定証拠を用いた明示的文法指導の効果を検証した実証研究である Kondo 他（2020）は，自動詞と他動詞に対する明示的文法指導を与えることによって，実験参加者が指導していない動詞に対しても，その動詞を用いて正しく文を書く[43]ことができるか否かを検証した。指導後にテストを実施した結果，指導した自動詞だけではなく，指導していない自動詞に対しても指導前より指導後の方がそれらの自動詞を用いて文を正しく書ける割合が上がったことが報告されてい

41　間接否定証拠とは，ある文が発話されないことでその文が正しくないと学習者が気付くという「発話されない」ことを指す（白畑他, 2019, p. 202）。

42　否定証拠の利用可能性の議論については，白畑（2013, 2015）を参照。

43　Kondo 他（2020）は，a gap-filling task を用いて，与えられた主語から始まる文を書かせるタスクを行った。その際に，使用する動詞（原形）を与え，適切な態（能動態・受動態）を用いて文を書くテストを行った。（例：Half of the forest____. 動詞 disappear を用いて下線部分の英語を書く（Kondo 他, 2020, p. 85））

る。この明示的文法指導が指導していない自動詞にも効果があった理由の1つとして，Kondo他（2020）は，事前テストで見られた実験参加者の誤り（例[44] *His new book will be appeared soon. / *My manuscript accepted.）を，指導の際に直接否定証拠として提示したことを挙げている。直接否定証拠を学習者に見せることは，学習者に自動詞と他動詞の文構造の違いに対する気づきを与えるという点で学習者の文法知識に有効に働き，指導していない動詞に対しても汎用性のある指導法であるといえる。よって，学習者の非対格動詞に対する正しい知識を向上させるため，非対格動詞に対する誤りを否定証拠として強調して提示することは効果的であると考え，その効果を検証した大瀧（2022）を7節で紹介する。

7. 非対格動詞に対して否定証拠を中心とした指導を与えることの効果：大瀧（2022）

大瀧（2022）の実験参加者は日本語を母語とする大学生であり，これを否定証拠を主とした明示的文法指導を受けた実験群20名，否定証拠なしの明示的文法指導を受けた対照群19名に分けた[45]。彼らの熟達度レベルは初級から中級程度であった[46]。

実験の手順は5節の大瀧（2021）と同様に，明示的文法指導を3回行い，指導前後に文法性判断テスト（事前テスト，事後テスト1，事後テスト2）を実施した。事後テスト2は，指導11週間後に実施した。

明示的文法指導では，大瀧（2021）で用いた内容と方法を基に実施した。大瀧（2021）の明示的文法指導と異なる点は，実験群には否定証拠を主とした指導を，対照群には否定証拠なしの指導を実施した点である。実験群では，学習者に観察される非対格動詞を用いた文に対する誤り（例：*Taro happened the car accident. / *The star was appeared.）について，実験者がパワー

44　Kondo他（2020, p. 87）

45　大瀧（2022）では，実験群と対照群の他に明示的文法指導を受けない統制群（19名）も設定したが，本章では実験群と対照群の比較のみを扱う。

46　TOEIC（Reading & Listening Test）の平均値は，実験群（497.75点），対照群（452.63点）であり，平均値の差は統計的に有意ではなかったため，両群は同程度の習熟度レベルであり，比較可能である。

ポイントで例文を提示しながら，繰り返して説明を行った。一方で対照群では，否定証拠なしの明示的文法指導を行い，文法的な文のみを提示して説明を行った。つまり，実験群に示したような学習者の誤りを取り上げて，それがなぜ誤りかという説明を行わなかった。

指導1回目では，他動詞と自動詞の違い，他動詞と自動詞を伴う文の構造，他動詞と自動詞の区別に基づく動詞の分類について説明した。実験群では，非文法的な文（他動詞を自動詞として用いた文，自動詞を他動詞として用いた文）を提示し，なぜ誤りであるのかを説明したあとに，文法的な文を提示して説明した。対照群では，文法的な文のみを提示して説明した。

指導2回目では，大瀧（2021）での指導と同様に，非対格動詞を口頭産出する練習を行った。その後，非対格動詞を伴う文について説明をした。実験群では，非対格動詞を他動詞として用いた文やbe+過去分詞の形の文を提示し，これらの文は非文法的であるが，英語学習者は正しい文であると誤って理解し，産出する傾向があると説明した。対照群では，そのような学習者の誤りを提示せず，正しい自動詞文のみを提示して説明した。

指導3回目では，非対格動詞を伴う文の主語の有生性について，有生物名詞も無生物名詞も両方ともに主語になり得ることを説明した。その後，実験群には，主語が無生物名詞句の文（例：A letter arrived.）について，学習者は正しくないと判断し，非文法的なbe+過去分詞の形の文（例：*A letter was arrived.）を正しい文と判断する傾向にあると説明した。対照群には，このような誤りの文について説明を行わず，無生物名詞句も主語になることができる点を説明した。

非対格動詞を他動詞として用いた非文法的な文に対する結果に着目する（図4参照）。事前テストでは実験群と対照群の平均値に統計的に有意な差は見られなかったが，事後テスト1では実験群の方が対照群よりも平均値が高くなり，事後テスト2では両群の間に約3点もの平均値の差が見られた[47]。さらに，実験群では3回のテストの平均値間に有意な差は見られず，平均値は大きく変化しなかったが，対照群では事前テストから事後テスト2に向け

47　単純主効果の検定結果：事前: $F\ (1, 37) = 0.57, p = .45$, partial $\eta^2 = .02$, 事後1: $F\ (1, 37) = 4.99, p = .03$, partial $\eta^2 = .12$, 事後2: $F\ (1, 37) = 19.75, p < .001$, partial $\eta^2 = .35$

て平均値が下がった[48]。

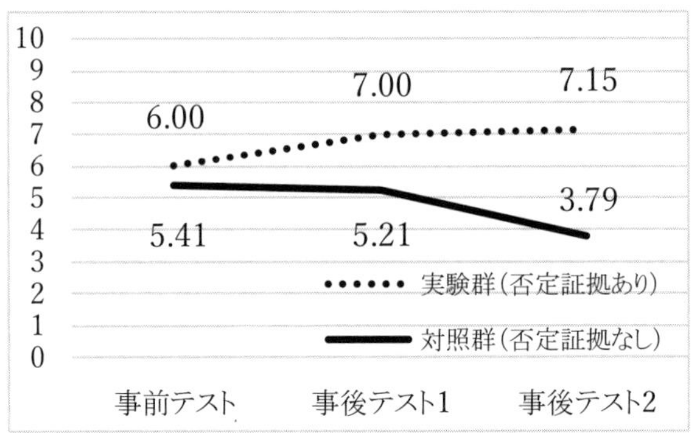

図 4　他動詞用法の結果（実験群・対照群）[49]

よって，否定証拠を受けた実験群は，指導 11 週間後も他動詞用法の文を誤りであると正しく理解できる傾向にあるが，否定証拠を受けなかった対照群には，指導の効果は見られず，指導 11 週間後には他動詞用法を正しいと誤って判断する傾向が強まった。つまり対照群では，否定証拠なしの明示的文法指導を受けた結果，他動詞として用いられた文を「正しい」と誤って答える解答が増えたということになる。

他動詞用法の結果について，さらに動詞別に分析してみる。否定証拠ありの指導を受けると，調査した 5 つの非対格動詞すべてにおいて，事前テストよりも事後テスト 2 の平均値が低くなる動詞は見られなかった。一方で，対照群（否定証拠なし）の 3 回のテスト結果を動詞別に見ると（図 5 参照），arrive のみ事後テスト 2 において事前テストよりも平均値が高くなってお

48　2 要因分散分析（2 群 ×3 回のテスト）の結果，交互作用は統計的に有意であった（F (2, 74) = 5.17, p = .01, partial η^2= .12）。そして単純主効果の検定を行った：（実験群）F (2, 36) = 2.30, p = .12, partial η^2= .11,（対照群）F (2, 36) = 4.02, p =.03, partial η^2= .18, 対照群の平均値についてボンフェローニ法による多重比較を行った結果，事後テスト 1 と事後テスト 2 の平均値の差が統計的に有意であった（p=.03）

49　大瀧（2022, p. 200）。本結果が得られた理由の 1 つとして，学習者がテストとして提示した錯乱文（他動詞，自動詞，自他両用の動詞を用いた文法的・非文法的な文）からの影響を受けた可能性も考えられる。

り，他の動詞（appear, disappear, fall, happen）と比べても事後テスト2の平均値が高いことがわかる[50]。よってarriveについては，否定証拠なしの指導でも実験参加者は他動詞化した文を誤りであると正しく判断できる傾向にあるが，他の動詞については，指導後11週間を過ぎると実験参加者は他動詞として用いられた文を正しいと誤った理解をする傾向にあると言える。

否定証拠なしの指導では，指導後一定期間を過ぎると他動詞用法の文を「正しい」と誤って理解する傾向のある4つの非対格動詞（appear, disappear, fall, happen）について，その理由を考察する必要がある。特にこれらの4つの非対格動詞には，否定証拠を提示して説明する必要がある。

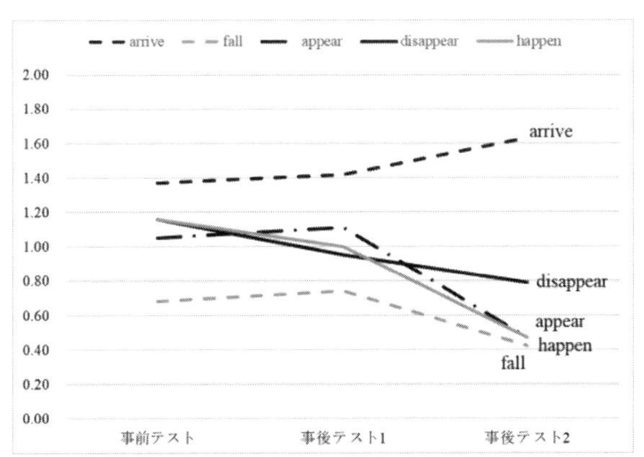

図5　動詞別の結果（他動詞用法，対照群（否定証拠なし））

このように大瀧（2022）より，第二言語学習者が非対格動詞を伴う構造について知識を得る際に否定証拠を提示することは，提示しない指導よりも効果があるということ，および，否定証拠を提示しないまま指導をすると他動詞として用いた誤った文を正しいと解釈する傾向があることが分かった。

50　2要因分散分析（5つの動詞×3回のテスト）の結果，交互作用は統計的に有意であった（F (2, 74) = 5.17, p = .01, partial η^2= .12）。ボンフェローニ法による多重比較を行った結果，事後テスト1では動詞間の平均値差は統計的に有意ではなかった。しかし事後テスト2において，arriveは他の4つの動詞との平均値の差が統計的に有意であった（例：arriveとdisappear: p <.001）。

8. おわりに

本章では，非対格動詞を伴う文に対して，第二言語学習者に見られる誤りを明示的文法指導で減らすことの有効性について，先行研究や筆者が実施した 2 つの実験（大瀧, 2021, 2022）を取り上げて論じた。動詞の分類や文の構造と主語の特徴（有生性）に焦点を当てた明示的文法指導は，自動詞用法については一定の効果が見られたが，他動詞として用いた非文法的な文に対する正しい理解を高めることはなかった。学習者がそのような非文法的な文について，それが正しくないと判断できるようになるためには，教師が直接否定証拠（誤っているのに，学習者が正しいとしてしまう傾向のある形）を提示し，誤りの原因について，学習者はそのような誤りを許す傾向があること，なぜそれが誤りであるかなどの視点から，日本語と英語を対比させたり，有生物名詞主語と無生物名詞主語の文の違いに注目させたりして学習者の文法理解を高めることが効果的であった。また，明示的文法指導において否定証拠を提示しない場合には，指導後一定期間が過ぎると，かえって非文法的な他動詞として用いた文を正しい文であると理解してしまう傾向も明らかになった。学習者が非対格動詞を伴う文について非文法的な文が誤りであると気づかせるためには，教師はただ明示的な説明をするだけではなく，否定証拠を提示することが重要である。

【外国語教育に関わる人が知っておくべきポイント】

- 英語学習者は非対格動詞が他動詞として用いられた文を，誤って「正しい」と判断してしまう傾向がある。
- 非対格動詞が用いられた文について明示的文法指導を行うと，文法的な自動詞用法に対する理解は高まるが，非文法的な他動詞用法の文については誤りが減るわけではない。
- 英語学習者が非文法的な他動詞用法の文を誤りであると正しく理解できるようにするためには，学習者によって産出される文のうち母語話者が用いない形を「否定証拠」として提示し，誤りについて説明するような明示的文法指導を行うと効果がある。
- 非対格動詞に対する明示的文法指導の効果は，どの非対格動詞に対しても一律に効果があるわけではなく，効果がある動詞と効果がない動詞がある。その理由について，今後更なる調査が必要である。

【執筆者から読者へのメッセージ】

明示的文法指導を行ううえで大切なことは，学習者がどのような誤りを見せるのか，学習者にどのような内容の文法説明を行うのか，なぜそのような文法説明を行う必要があるのかを教師が理論的な根拠を持って行うことである。効果的な明示的文法指導を行うためには，教師自身がその文法項目についての言語学からの知識を持っていることや応用言語学からの知見があることが必要となる。

付　記

本章は，大瀧（2021）および大瀧（2022）の内容をまとめ，あらたに実験データを加えて考察したものです。本研究は，科研費（20K13131/21H00541/ 20K00678）の助成を受けています。

参照文献

Jackendoff, R.（2002）. *Foundation of language: Brain, meaning, grammar, evolution.* Oxford University Press. https://doi.org/10.1093/acprof:oso/9780198270126.001.0001

影山太郎（1996）.『動詞意味論』くろしお出版.

近藤隆子（2019）.「第二言語学習者による自動詞の習得」白畑知彦・須田孝司（編）『言語習得研究の応用可能性―理論から指導・脳科学へ―』(pp. 31–68). くろしお出版.

近藤隆子・白畑知彦（2015）.「自動詞・他動詞構造の混同軽減のための明示的指導に関する一考察―明示的指導の掲示方法に焦点を当てて―」『中部地区英語教育学会紀要』*44*, 57–64. https://doi.org/10.20713/celes.44.0_57

Kondo, T., & Shirahata, T.（2015）. The effects of explicit instruction on intransitive verb structures in L2 English classrooms. *Annual Review of English Language Education in Japan, 26,* 93–108. https://doi.org/10.20581/arele.26.0_93

Kondo, T., Shirahata, T., Suda, K., Ogawa, M., & Yokota, H.（2020）. Effects of Explicit Instruction on Intransitive and Transitive Verbs in Second Language English: with a Special Focus on Non-Instructed Verbs. *Annual Review of English Language Education in Japan, 31*, 81–96. https://doi.org/10.20581/arele.31.0_81

Oshita, H.（2000）. What is happened may not be what appears to be happening: a corpus study of ‘passive’ unaccusatives in L2 English. *Second Language Research, 16*, 293–324. https://doi.org/10.1177%2F026765830001600401

大瀧綾乃 (2020).「動詞の 3 区分の知識とその指導法」白畑知彦・中川右也 (編)『英語のしくみと教え方―こころ・ことば・学びの理論をもとにして―』(pp. 25–50). くろしお出版.

大瀧綾乃 (2021).「自動詞への正しい理解を高めるための明示的文法指導の効果―文の構造と主語の有生性に着目して―」『中部地区英語教育学会紀要』*50*, 161–168. https://doi.org/10.20713/celes.50.0_161

大瀧綾乃 (2022).「否定証拠を主とした明示的文法指導の効果―英語の自動詞に対する理解に焦点を当てて―」『中部地区英語教育学会紀要』*51*, 195–202.

Otaki, A., & Shirahata, T. (2017). The role of animacy in the acquisition of ergative verbs by Japanese learners of English *Annual Review of English Language Education in Japan, 28*, 177–192. https://doi.org/10.20581/arele.28.0_177

Oxford University Press (2001). *Quick Placement Test.* Oxford University Press.

白畑知彦 (2013).「否定証拠を中心とした明示的英文法指導の効果検証―予備的調査―」『教科開発学論集』*1*, 163–172.

白畑知彦 (2015).『英語指導における効果的な誤り訂正―第二言語習得研究の見地から―』大修館書店.

白畑知彦・近藤隆子・小川睦美・須田孝司・横田秀樹・大瀧綾乃 (2020).「日本語母語話者による英語非格動詞の過剰受動化現象に関する考察―主語名詞句の有生性と動詞の完結性の観点から―」白畑知彦・須田孝司 (編)『第二言語習得研究の波及効果―コアグラマーから発話まで―』(pp. 31–55). くろしお出版.

白畑知彦・冨田祐一・村野井仁・若林茂則 (2019).『英語教育用語辞典 第 3 版』大修館書店.

鈴木孝明・白畑知彦 (2012).『ことばの習得』くろしお出版.

Takami, K., & Kuno, S. (2017). Functional syntax. In M. Shibatani, S. Miyagawa, & H. Noda (Eds.), *Handbook of Japanese syntax* (pp. 187–234). De Gruyter Mouton.

4

不定詞・動名詞選択の明示的指導

―動詞補部[1]に焦点を当てて―

中川右也

1. はじめに

中学校や高等学校では，不定詞のみを目的語に取る動詞，動名詞のみを目的語に取る動詞，そして不定詞と動名詞の両方を取る動詞の 3 種類があることを学ぶ。

(1) a. I expected to meet Hanako.
　b. I enjoyed watching the game on TV.
　c. I like to dance/dancing.

しかし，目的語として不定詞と動名詞の両方を取ることができるとされる like であっても，would like to のように，助動詞 would を付けた際には不定詞のみを目的語に取る場合や，remember のように，不定詞と動名詞では意味が変わる場合もある。その理由は何であろうか。また，より本質的な問題として，不定詞か動名詞のどちらか一方しか目的語として取れない動詞があるのは一体なぜだろうか。本章では，まずは外国語学習者にとって役立つ教育文法とは何かを考えた上で，先述した補部形式の謎を解き明かすことを試みた研究や第二言語習得における補部選択の研究を概観する。その後，本研究で提案する認知言語学的アプローチによる明示的な補部形式に関する文法説明の効果を検証し，日本語母語話者が外国語として英語を学ぶ際の補部形式の

1　補部 (complement) とは，主要部と呼ばれる名詞や動詞を補って句を構成するものだが，本章では主要部が動詞で，後続する句が目的語として機能する補部の例に限定する。

選択における習得過程の実態を示し，効果的な明示的指導法を提案したい。

2.　文法の位置付け

英文法は誰のためのものだろうか。この問いに対する答えは様々であろうが，学校教育という文脈に限れば無論，それを学ぶ側の学習者と教える側の指導者のためのものである。補部における不定詞／動名詞の選択は，文法項目の1つである。よって，まずは文法という概念を整理することから考えてみたい。文法はその目的に応じて分類方法は多岐にわたるが，以下にその1つを示す。

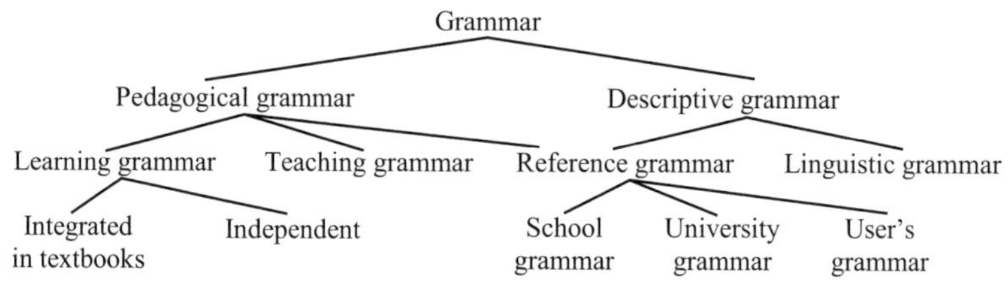

図1　文法の分類[2]

図1を基に考えると，文法は教育文法（Pedagogical grammar）と記述文法（Descriptive grammar）の2つに分けられる。教育文法は言語事実を参照しながらも学習者や指導者が文法を学んだり教えたりする過程を支えることを目的とする文法であるのに対し，記述文法は，言語事実をできる限り客観的に記述する文法である。英語を外国語として習得する際，複雑な文法を網羅的に記述する文法よりも，学習者や指導者を中心とする文法の方が有用と考えられる。本章では，文法規則を単に記述するのではなく，学習者の理解を促し指導者の説明のしやすさを優先し，なぜそのような文法規則になるのかを説明するものを教育文法と位置付けることとする。

3.　補部形式に関する研究

3.1　記述文法

動詞には，目的語として不定詞あるいは動名詞のみを従えるものと両者の

2　Dirven（1990, p. 1）

いずれをも従えるものがある[3]。

(2)　a.　不定詞のみを伴う動詞
afford, allow, ask, decide, expect, hope, learn, manage, need, pretend, promise, want, etc.

b.　動名詞のみを伴う動詞
admit, avoid, enjoy, escape, finish, give up, mind, miss, postpone, practice, put off, stop, etc.

c.　不定詞と動名詞を伴う動詞
forget, like, regret, remember, start, try, etc.

日本の学校では昔，動名詞のみを伴う動詞の頭文字である M (mind, miss) e (enjoy) g (give up) a (admit, avoid) f (finish) e (escape) p (practice, put off) s (stop) を取って Megafeps (メガフェップス)[4] と呪文を唱えるように覚えさせていたこともあったようである。一種の語呂合わせのようにして覚えさせることは無味乾燥な暗記の手助けになることはあるかもしれないが，混乱を招くこともある。例えば，M で始まる語は，動名詞のみを目的語として取る動詞 (mind, miss) と不定詞のみを目的語として取る動詞 (manage) の両方にあることから，どちらに分類される動詞か混同する可能性がある。

記述文法では，こうした分類に関して整理をし，それぞれの動詞が持つ特性を示す試みをおこなってきた。それは，目的語の内容が今後行われる可能性を表す動詞は不定詞を，実際に行われている事実あるいは行われた事実を表す動詞は動名詞をそれぞれ取る[5]といったような意味的差異による区分である。このような法則に照らし合わせると，decide は今後することを決めることを意味することから不定詞を，give up はこれまでしてきたことを止め

3　(2) は，Shirahata (1991) の実証研究で用いられたものと江川 (2001) に記載されているものから精選し作成した。なお，特に無生物主語の場合，want や need は動名詞を伴うことは知られているが，ここでは，学習者が頻繁に見聞きする表現を優先させることから，こうした例外的なものは触れないことにする。

4　江川 (2001, p. 365)

5　cf. Jespersen (1961, pp. 165–166), Quirk 他 (1985, p. 1191), 安藤 (1984, p. 330) など

ることを意味することから動名詞をそれぞれ伴うという言語事実とも当てはまる。さらに，不定詞と動名詞の両方を伴うが意味的に対立する remember のような動詞に関しても，不定詞なら，することを覚えている（忘れずにする）という意味になるのに対し，動名詞なら，したということを覚えているという意味になるとして，使い分けの説明もできる。しかしながら，mind のように，動名詞を伴っても未来のことがらをも指す[6]ものがある。また，不定詞は行われることを表し，動名詞は行われたことを表すという説明を聞いた学習者は，動詞の tense（時制）が表す time（時）と誤解して，例えば動詞が過去形であれば動名詞を伴うと誤って考える場合もある。その反対も然りで，動詞に助動詞 will が付けられた文では，内容は未来の事柄になることから，全ての動詞が不定詞を伴うと考える学習者もいるかもしれない。加えて，記述文法の知見を基に，不定詞はまだ実行されていない事柄を表すと考えた場合，矛盾が生じることもある。例えば，学習者は manage to を「なんとかして〜をやってのける」のように暗記しているため，記述文法の説明の矛盾に気付かない場合もあるが，実際，この訳語が表すように，動詞句の意味は不定詞の事柄の実行までを表す。具体的には，I managed to kiss a frog. といえば，カエルにキスをしたことまで含意する[7]。なお，この例は後述する認知文法の知見を基に，manage したことにより kiss をしたと，動詞と不定詞が時間的・因果的関係になっていると考えれば理解できる。

一般的に，記述文法は不定詞と動名詞の使い分けを分類のための規則と捉えて記述したのみであり，なぜそのように使い分けられるのか，その理由の説明には依然として踏み込めていないだけでなく，首尾一貫した説明を与えることもできない。仮に指導者が記述文法を基に授業を行ったとしても，言語がどのようにふるまうのか，その事象を学習者に伝えたという行為のみになり，なぜそのような規則が成り立つのか，その理由を説明したことにはならないだろう。言語の法則が成立する理由，すなわち文法の真理へと導くような教え方が理想ではないだろうか。

6　村田（1982, p. 59）

7　Langacker（2008, pp. 438–439）

3.2 認知文法

上記の通り，記述文法は規則性を示してくれるものの，その規則性が成り立つ理由の説明まで与えてはくれない。記述文法を補うのが理論言語学であり，理論言語学の 1 つである認知言語学は，教育文法の補完的役割を担うことができる。なぜなら，認知言語学は，言語を人間と外部世界との相互作用の経験を通して動機づけられた結果としての人間の認識が反映されたものと捉え，なぜ言語がそのような在り方をするのかといった概念である有縁性（motivation）の解明をする指向があり，こうした知見を教育文法へと繋げられれば学習者の理解も促進されるからである。認知言語学において，言語は人間の捉え方を反映したものとして考えるため，形が同じならば意味は同じであり，形が異なれば意味は異なる，つまり，形式と意味とが一対一の対応関係にあるという基本的なテーゼを持っている [8]。なお，認知言語学では，文法の側面はコミュニケーションが行われる文脈における言語の使用が直接的に反映されたものと基本的に考える [9] ことから，用法基盤（usage-based）アプローチと呼ばれる [10]。

不定詞補部と動名詞補部の違いについて，認知言語学の枠組みの中の文法理論である認知文法を提唱している Langacker（ラネカー）は，典型的には，動詞が表す事柄に続いて補部の事柄が起きる場合には不定詞，2 つの事柄が時間的に重なる場合には動名詞を伴うと述べ，さらに不定詞は前置詞 to が表す経路と着点の配置を示す用法と繋がりがあるとし，使用の違いは意味的に動機づけられていることは明らかだとしている [11]。前置詞から不定詞へと用法が拡張したという主張は，通時的にも裏付けられる [12]。

8　統語的形式の違いは意味の違いを伴うことに言及した Bolinger（1968, p. 127）の考えに通じる。

9　Yamanashi（2002, p. 107）

10　cf. Langacker（1987, p. 494）

11　Langacker（2008, pp. 439–440）

12　to は方向性を主に示す副詞・前置詞が起源とされ，古英語では，原形不定詞が最も頻度が高かったが，中英語になってからは，to 不定詞の形が最も一般的な形になったとされている（Fischer, 1992, p. 317）。

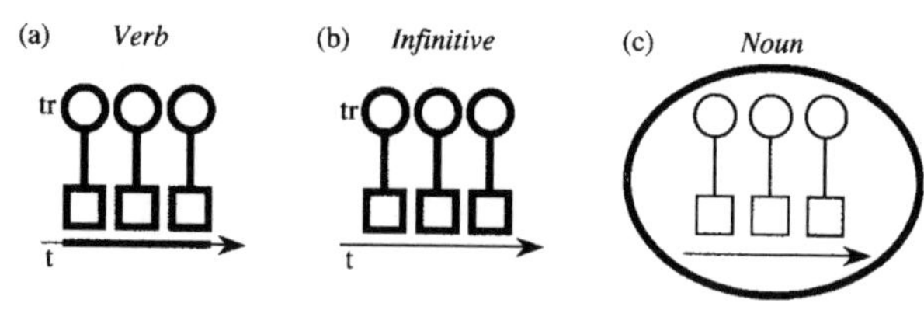

図 2　概念構造 [13]

上記の図を基に walk の場合を例にして考えてみたい。小さな丸で表示された行為者である tr (trajector) と小さな四角で表示された行為との関係が線で結ばれている。(a) の動詞 walk では，行為 (歩き始めてから歩き終えるまで) の過程と t (time) の時間が太線であり，焦点化されていることを表す。(b) の不定詞 to walk では，行為者と行為が焦点化され，時間が太線でないことから，時間のみが焦点化されていないことを表す。(c) の名詞 a walk では，時間だけでなく，行為者とその行為との関係を表す過程も太線でないことから焦点化されていない。代わりに，太線の大きな丸で囲まれた一連の行為の過程を一括した全体に焦点が当てられている。なお，動名詞 walking は，(c) の名詞 a walk に近い概念化と考えられる。不定詞補部と動名詞補部は共に目的語，つまり名詞句としての機能をするが，どちらが名詞的かを考えた場合，統語的なふるまいにおいて，名詞と同じく，her complaining のように所有格や constant complaining のように形容詞を付けることができることに加えて，without complaining のように前置詞に後続できる点などを考慮すると，より名詞的なのは動名詞であることは自明であることからも，a walk と walking の概念化が近いのは当然と言える。

認知言語学の知見に依拠すれば，不定詞は，経路－着点を表す前置詞 to の空間的用法が不定詞として用いられるようになったもので，その際，空間的用法が時間的用法へと拡張されたため，動詞が表す事柄に続いて不定詞補部の事柄が起きるという時間的な一連の順序を表すようになった [14] と考えら

13　Langacker (2008, p. 119)

14　Wierzbicka (1988, p. 35) によると，不定詞補部は「未来性」を含意するとしているが，Langacker (1991, pp. 445–446) では，「未来性」は典型例に過ぎず，それ自体が to の意味で

れる。こうしたアプローチの主な課題は，不定詞補部のような一般的な構文パターンを象徴する意味を見出すことが難しく，そうした意味も高度に抽象的なものになる傾向にあるため，個々の例から容易に読み取ることはできないことだと言われている[15]。しかしながら，次のように図示化することによって，空間から時間へと比喩的に拡張された不定詞は視覚的に理解することができる。なお，図3の点線の矢印は非事実，実線は事実をそれぞれ示している。

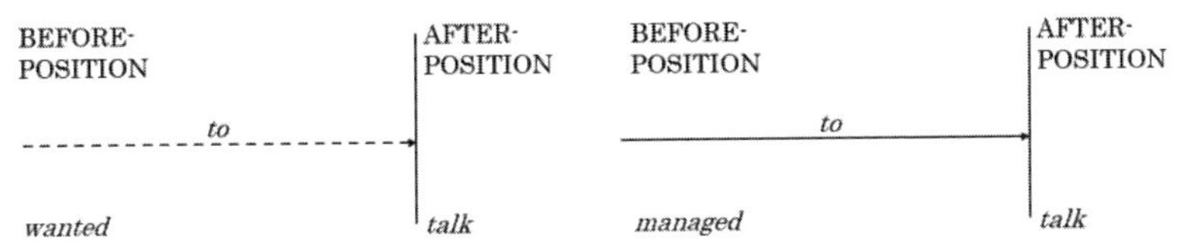

図3　非事実（左）と事実（右）を表す不定詞補部[16]

wanted は不定詞の内容が非事実を表し，managed は事実を表すという点においては異なるが，不定詞が前置詞に由来することから，動詞の行為に続いて着点としての不定詞の事柄が起こるという，時間的な順序を表す点は，2つの動詞に共通であり，それが不定詞を用いる動詞の特徴でもあることがわかる。

一方，動名詞は，その一連の過程が焦点化されず一括りとして捉えられるため，動詞と動名詞補部の事柄が時間的に重なると考えられる。認知言語学は，このように文法の成り立ちの理由まで説明できる点で，教育文法に寄与する理論言語学の1つといえる。

学習者に文法などの規則性について意識化（consciousness-raising）[17]を図る明示的指導は効果的とする研究があり[18]，これまで述べてきた認知言語学の知見を拠所にした明示的指導[19]を行えば，納得しながら意識化を行うことが

はないとしている。

15　Taylor（2008, p. 44）

16　Duffley（2006, p. 44）

17　cf. Smith（1981）

18　Robinson（1996）, Kondo & Shirahata（2015）など

19　認知言語学の知見を活かしたタスク活動の指導法は Niemeier（2017, pp. 209–226）を参照

できる。新しい知識は既有知識と関連付けられると言われており[20]，関連する概念を事前に導入することにより，馴染みのないものであっても意味付けされたものであれば，その学習や記憶保持を促進させることが可能とされている[21]ことから，小学校などで，既にgo toなどの表現で親しみながら学習した前置詞とその後に学ぶ不定詞を関連付けて指導することは，豊かな学びを育む授業をデザインすることになる。学校現場では，中央教育審議会から出された「幼稚園，小学校，中学校，高等学校及び特別支援学校の学習指導要領等の改善及び必要な方策等について（答申）」(2016年12月21日）により，「主体的・対話的で深い学び」の実現への取り組みが始まっている。ここでの“深い学び”は，言い換えると，既有知識や経験を新情報と関連付け，概念を再構築化し，課題解決のために活かす学びのことである。認知言語学的アプローチによる指導法では，無味乾燥な暗記ではなく，既習の項目と新たな項目を関連付け，表現を比較しながら文法規則の原理を探る一連の活動を行うことからも，深い学びへのアプローチ[22]の展開に貢献しうると期待できる。

4. 補部形式の選択に関する第二言語習得研究[23]

動詞に後続する形式が不定詞補部なのか動名詞補部なのかを第二言語学習者に選択させるという形でデータを集め，その傾向や明示的指導法の効果を研究したものはいくつかある。Shirahata（1991）では，不定詞と動名詞の区分がない日本語を母語とする英語学習者の大学1年生110名を対象に，英語母語話者の第一言語の習得順序[24]と同じように，第二言語の習得でも，動名詞の前に不定詞が習得されるかを検証している。実験は，上級者，中級者，初級者の3つのグループに分け，文中に下線が引かれた動詞を適切なものに

20 Piaget（1947/1950）

21 Ausubel（1960, p. 271）

22 Biggs & Tang（2011, p. 24）

23 この節では，学習者の第二言語の使用とその発達メカニズムを明示的に説明する狭義の第二言語習得研究を見ながらも，明示的指導法に焦点を当てていることから，Wakabayashi（2003, p. 88）のいう，第二言語習得に関わる学習者の様々な要因を解明する広義の第二言語習得研究（SLA studies）を中心に概観する。

24 cf. Brown（1973）

する問題を参加者に解かせる内容であった。実験で用いられた動詞は，不定詞のみを取るもの 6 個，動名詞のみを取るもの 6 個，両方を取るもの 5 個の合計 17 個であった。実験の結果，どのグループも動名詞よりも不定詞の方が正しく解答することができ，その差は統計的にも有意であったこと，熟達者ほど差が減少する傾向にあることを報告している。不定詞補部と動名詞補部の習得について，日本語母語話者の第二言語習得も英語母語話者の第一言語習得の場合と同じ順序になることを支持した結果である。なお，この不定詞補部と動名詞補部に関する第一言語と第二言語の習得順序は，不定詞と動名詞における通時的な用法の確立の順序とも一致する。英語の歴史においても，現代英語で用いられている不定詞の用法が定着した後に動名詞の用法が確立した[25]。「個体発生は系統発生を繰り返す」という生物学の仮説が不定詞と動名詞の場合にも当てはまると言ってよいかもしれない。ともあれ，上記の研究では，指導による介入効果は検証されていないことから，指導によって差がなくなるかどうかは不明であり，その検証をする必要がある。

ポーランド語を母語とする学習者を対象に，認知言語学に依拠した指導法による効果を検証した研究として Kaleta (2020) がある。参加者は 19 歳から 20 歳の上級者レベルの英語学を専攻する大学生 30 名であった。対照群と実験群にそれぞれ 15 名ずつ分け，事前テストの後，85 分の指導を実施し，1 週間後に事後テストをした。テストは，60 文で構成された英文中で，動詞の形を適切な形にする問題が 40 問含まれた内容であった。事前テストの後，対照群では，無作為に並べられた動詞のリストを使って，不定詞補部を取る動詞と動名詞補部を取る動詞に分類させた後，可能な限り動詞を意味的にまとまりのある区分に整理させる指導をした。実験群では，認知言語学の知見に基づいて，不定詞補部と動名詞補部を取る動詞の違いに着目させる指導をした。なお，両群とも共通して，指導の最後 45 分で，正しい形を選択させる練習問題で確認をし，不定詞補部と動名詞補部を用いた英文の作成を参加者に課している。結果については，事前テストから事後テストの得点が，対照群では 7.6%，実験群では 18.5% 上昇したことから，認知言語学的アプローチに効果があると報告している。ただし，対象者が言語の分析力に長け

25　cf. 児馬 (1990, pp. 178–191)

た英語学を専攻とする英語の上級者であったことに加えて，参加人数が少なかったことから，この結果を過度に一般化するには注意を要する。なお，事前テストにおいて，参加者にとって，未来に起こる可能性を含意する動詞である suggest, recommend, consider などが最も難しく，一貫して不定詞補語との組み合わせを選んでいたことにも触れている[26]。

次に，16 歳から 17 歳の日本語母語話者を対象に，指導方法の違いによる効果の検証をした藤井（2009）の研究を紹介したい。対照群 41 名と実験群 87 名の 2 グループに分け，両群には指導前に事前テストをし，7 分の指導の後に事後テストを，その 2 週間後に遅延テストを実施した。指導法について，対照群には，形式的な観点の説明に終始した方法を行った後，教科書を開かせて覚えさせる時間を取った。一方，実験群には，不定詞は未来志向のニュアンス，動名詞は現在志向のニュアンスになるという意味上の共通項を意識させた方法を行った後，教科書を開かせて，学んだイメージを持ちながら覚えさせる時間を取った。テストは教科書に記載されている不定詞，動名詞，不定詞と動名詞を取る動詞のそれぞれ 3 種類の 32 個から無作為に 12 個を選び，2 択で補部形式を答えさせる内容であった。難しい項目には日本語訳を注に付し，1 問につき 1 点で点数化した。調査結果は，事前テストでは群間には有意な差はなかったが，事後テストと遅延テストでは有意に実験群の方が対照群より得点は高いものであったことから，意味上の共通項を意識させる指導の重要性を主張している。動詞別に分析した結果については，事後テストでは，promise, decide, quit, forget に関して実験群の方が有意に得点は高かった一方，対照群は実験群よりも有意に得点が高かった項目はなく，遅延テストでは，quit, admit, forget は実験群の方が，imagine は対照群の方が得点は有意に高かったと述べられている。動詞別の正解率についても詳細に分析されており，具体的には実験群では imagine や refuse の正解率は，事前テストよりも事後テストでは低下したことが報告されているものの，不定詞補部

26　Wakabayashi（2021）では，不定詞と動名詞，どちらも従える動詞の場合，経済性の原理の 1 つである DENS（Do Everything in Narrow Syntax）に基づけば，不定詞が動名詞よりも優先されると予想することができ，学習者は不定詞と動名詞の形式的機能・意味の区別が不明瞭であるため，実際，DENS からの圧力で不定詞の使用を好み，さらには過剰な不定詞の使用をするとしている。

と動名詞補部の習得の差に関する全体の分析はされていない。

5. 実験

5.1 研究課題

本研究では，2 つの研究課題を設定する。1 つ目は，動詞補部形式の選択に関して，その習得における認知言語学的アプローチを基にした明示的指導法の有用性を明らかにすることである。2 つ目は，高校生を対象とした動詞補部形式選択の習得における不定詞と動名詞の正確性の違いがあるか，さらに明示的指導の方法が異なることにより，その正確性の差が生じるのかを検証することである。

5.2 調査参加者

日本語を母語とする高校生（15 歳から 17 歳）54 名を対象に調査を行った。ヨーロッパ言語共通参照枠（Common European Framework of Reference for Languages: CEFR）において，およそ A1 から A2 の初級レベルの英語学習者である。

5.3 調査方法

調査は，事前テストを実施した後で明示的指導を行い，その直後に事後テスト，そして 6 日後に遅延テストを行うという過程で行われた。

テスト内容は，不定詞のみを補部に取る動詞 10 個（afford, decide, expect, hope, learn, manage, need, pretend, promise, want）と動名詞のみを補部に取る動詞 10 個（admit, enjoy, escape, finish, give up, mind, miss, postpone, practice, stop）を使った問題であり，英文中の空所に適切な形を選択させる計 20 問を出題し，1 問の正解につき 1 点とした。選択肢の順番は，解答に影響しないよう，いずれの問題も図 4 のように，原形，不定詞，動名詞，過去分詞の順に示した。なお，動詞の意味の難易度や多義性からの影響を避けるために，それぞれに動詞の日本語訳を添え，英文の時制と主語は統一した。どの回においても，テストを実施することについて，前もって告知はしていない。

英文中の（　）に入る最も適切なものを 1 つ選びなさい。

・I decided（　）to college.　※ decide：「決める」

　① go　② to go　③ going　④ gone

・I expected（　）Hanako.　※ expect：「するつもり」

　① see　② to see　③ seeing　④ seen

・I admitted（　）a mistake.　※ admit：「認める」

　① make　② to make　③ making　④ made

・I postponed（　）a letter.　※ postpone：「延期する」

　① write　② to write　③ writing　④ written

図 4　テスト問題の例

事前テスト終了後，参加者を対照群（27 名）と実験群（27 名）の 2 グループに分け，スクリプトを基に両群で用いる説明文の文字数を合わせ，それぞれのグループに 4 分 10 秒の明示的な説明の指導を行った。

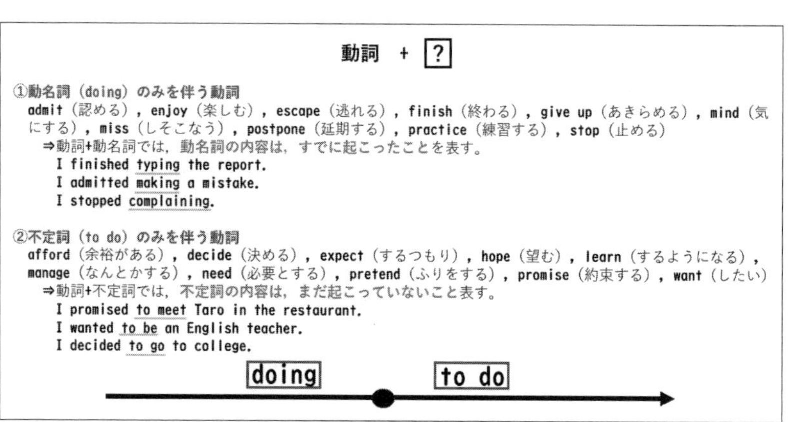

図 5　対照群の指導で活用したスライド

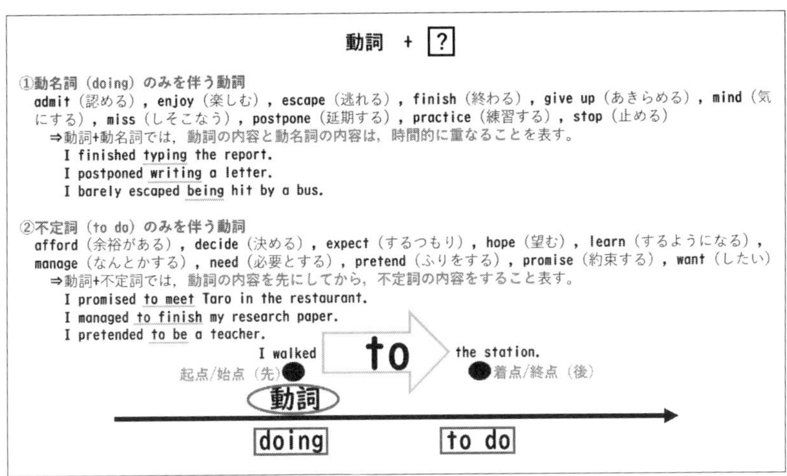

図 6　実験群の指導で活用したスライド

対照群には，図 5 のスライドを活用して，学習参考書にあるように，理由付けはせず，動名詞のみを伴う動詞は，動名詞の内容が，すでに起こったことを，不定詞のみを伴う動詞は，不定詞の内容が，まだ起こっていないことを表すと説明し，その説明に合う 6 つの英文を例にして，その規則を確認した。実験群には，認知言語学の知見を基に，図 6 のスライドを活用して，動名詞のみを伴う動詞は，動詞の内容と動名詞の内容が，時間的に重なることを，不定詞のみを伴う動詞は，動詞の内容を先にしてから，不定詞の内容をすることを表すと説明した。なお，その説明に合う 6 つの英文を例にして，既有知識である I walked to the station. の前置詞 to が表す「着点」の用法と関連付け，着点が時間関係においては終点となることから，動詞の内容の後の事柄が不定詞の内容になるという理由付けをしながら規則を確認した。両群とも指導の直後に事後テストを，6 日後には遅延テストを実施した。

5.4　結果と考察

5.4.1　認知言語学的アプローチによる明示的指導法の有用性

実験の結果は表 1 に示す通りであった。両群の間には，どのテスト回においても有意な差は認められなかった。

表１　各テストに関する得点の記述統計

		平均値	標準偏差	最小値	最大値
対照群 ($n = 27$)	事前テスト	13.78	3.47	6.00	19.00
	事後テスト	15.67	2.96	9.00	20.00
	遅延テスト	13.89	3.27	6.00	19.00
		平均値	標準偏差	最小値	最大値
実験群 ($n = 27$)	事前テスト	12.96	3.95	5.00	20.00
	事後テスト	15.22	2.50	10.00	20.00
	遅延テスト	13.74	3.34	6.00	20.00

また，両群とも事前テストよりも事後テストの方が有意に得点は上がる一方，事前テストと遅延テストに有意な差はなく，さらに事後テストの方が遅延テストよりも有意に得点が高かったことから，どちらの明示的指導法も効果は一時的なものであることがわかった[27]。このことから，明示的な説明をすれば，その方法に関わらず一時的な効果は得られること，その効果を保持するには，明示的な文法の説明を与えるだけでなく，前述した先行研究Kaleta や藤井のように，定着を促す活動をするなどして，何らかの支援を必要とする可能性があることが示唆された。

27　二要因の混合計画による分散分析の結果，指導法の主効果は $F\ (1, 52) = 0.43, p = .51, \eta_p^2 = 0.008$，テスト回の主効果は $F\ (1.72, 89.56) = 10.98, p < .001, \eta_p^2 = 0.174$，指導法とテスト回の交互作用効果は $F\ (1.72, 89.56) = 0.26, p = .74, \eta_p^2 = 0.005$ であった。なお，多重比較は Holm 法を用いた。

表 2　事前テスト（左）と遅延テスト（右）の正解率（%）

不定詞		afford	decide	expect	hope	learn
	対照群	48/41	89/89	59/78	85/59	78/74
	実験群	78/52	74/74	70/70	74/67	74/67
		manage	need	pretend	promise	want
	対照群	52/78	93/89	48/33	78/59	96/100
	実験群	52/59	81/78	78/52	56/74	93/85
動名詞		admit	enjoy	escape	finish	give up
	対照群	56/70	100/85	56/48	81/93	44/56
	実験群	48/63	96/85	41/63	67/81	41/63
		mind	miss	postpone	practice	stop
	対照群	67/78	48/78	56/52	74/56	70/74
	実験群	67/52	56/67	44/59	41/78	67/85

表 3　事前テストから遅延テストにかけて伸びた割合（%）[28]

不定詞		afford	decide	expect	hope	learn
	対照群／実験群	−7/−26	**0**/0	19/0	−26/−7	−4/−7
		manage	need	pretend	promise	want
	対照群／実験群	26/**7**	−4/−4	−15/**−26**	**−19**/**19**	**4**/−7
動名詞		admit	enjoy	escape	finish	give up
	対照群／実験群	**15**/15	−15/−11	−7/**22**	**11**/**15**	11/22
		mind	miss	postpone	practice	stop
	対照群／実験群	11/−15	30/11	−4/**15**	−19/37	**4**/19

表 2 は事前テストと遅延テストの正解率を，表 3 は事前テストと遅延テストを比較して伸びた割合を示したものである。

遅延テストの方が伸びている項目の数は，対照群では 9 個，実験群では 10 個であった。伸びた項目の中には，対照群と実験群の指導で説明のために用いた 6 個が含まれており，それらが半分以上を占めていた。このことか

28　それぞれの項目における正解率を，遅延テストから事前テストを引いた差を示したものである（小数点以下四捨五入）。なお，太く示された数字は，指導時に説明のために用いた語である。

ら，特に初学者では，与えられた説明の規則性を他の項目に当てはめる般化（generalization）が困難であったことが明らかとなり，各項目について，丁寧に1つずつ説明をし，定着を図るような活動を通した授業を展開する必要があることがわかった。

両群ともに基本語にもかかわらずenjoyの習得の伸び率に問題を抱えている。その要因は「楽しむ」という日本語訳によるもので，補部内容が未来の事柄であるかのように想起されるからであろう。英語ではI enjoy swimming in this pool tomorrow. とは表現されず，何かを楽しんでいると言った場合には，それを行っている，まさにそのときに楽しんでいることを含意する[29]ことを学習者に教えるとよいと考えられる。日本語訳の弊害と思われる例としては他にaffordがある。日本語訳の「余裕がある」は，動詞と補部の内容が同時に起こるような錯覚をする。動詞と補部の内容は理由と結果の関係にあり，余裕があるから補部の内容をすると考えれば，時間においても前後関係になることに気付くかもしれない。先行研究のKaletaでは，未来に起こる可能性を含意する動詞が学習者に困難を伴うとしていたが，本研究でも類似の例として，mindが未来の事柄を表すと捉えたことによる間違いが多かったことを銘記しておく。mind「気にする」は，補部の内容を実行したときのことであり，そのように考えることで時間的にも重なることがわかる。初学者を対象とした場合には，このように一見，例外とみられる周辺的なものに注意を向けさせることよりも典型的なものに重点を置く方がよいと考えられるが，認知言語学の理論的説明は上述した通りになる。

5.4.2 不定詞補部と動名詞補部に関する習得の差

補部形式選択の習得における違いについての結果を示したものが表4である。対照群と実験群を合わせた全参加者54名を対象に，指導をする前の介入効果がない状態で受けた事前テストに関して，動名詞よりも不定詞の得点の方が有意に高いことがわかった[30]。高校生を対象にした場合においても，前述した先行研究のShirahataによる仮説を追認する結果となった。Shirahata

29 Wierzbicka（1988, p. 60）

30 t検定の結果，$t(53) = 3.23$, $p < .001$, $d = 0.51$（効果量はBorenstein 他, 2021, p. 29に基づく）であった。

の研究では，大学生を対象にしたものであったが，本研究の参加者である初級英語学習者の高校生であっても，不定詞の後に動名詞が習得されるという順序，すなわち第二言語習得においても第一言語習得と同じ習得過程を経ることが明らかとなった。

ただし，明示的な説明を与えた指導後の事後テストと遅延テストでは，対照群と実験群，どちらの群も不定詞補部と動名詞補部の得点に有意な差は見られなかった[31]。すなわち，日本語母語話者の初級英語学習者を対象にした場合，英語母語話者と同じように，動名詞補部よりも不定詞補部の習得の方が早く，両者の間には有意な差が見られたが，明示的指導を与えることによって，その差は縮まり，両者における習得の差をなくすことを目的にする点では，明示的指導法が効果的である可能性が示された。

表 4　不定詞補部と動名詞補部に関する得点の記述統計

			平均値	標準偏差	最小値	最大値
事前テスト	対照群	不定詞	7.26	1.68	4.00	10.00
		動名詞	6.52	2.53	1.00	10.00
	実験群	不定詞	7.30	2.49	2.00	10.00
		動名詞	5.67	2.35	1.00	10.00
事後テスト	対照群	不定詞	7.85	1.49	5.00	10.00
		動名詞	7.81	1.96	4.00	10.00
	実験群	不定詞	7.44	1.69	3.00	10.00
		動名詞	7.78	1.40	5.00	10.00
遅延テスト	対照群	不定詞	7.00	1.54	3.00	10.00
		動名詞	6.89	2.52	0.00	10.00
	実験群	不定詞	6.78	2.17	2.00	10.00
		動名詞	6.96	2.38	1.00	10.00

31　二要因の混合計画による分散分析の結果，対照群において，補部の種類の主効果は $F(1, 52) = 0.02, p = .88$，$\eta_p^2 = 0.0005$，テスト回の主効果は $F(1, 52) = 15.71, p < .001$，$\eta_p^2 = 0.2320$，補部の種類とテスト回の交互作用効果は $F(1, 52) = 0.03, p = .87$，$\eta_p^2 = 0.0005$，実験群において，補部の種類の主効果は $F(1, 52) = 0.35, p = .56$，$\eta_p^2 = 0.0067$，テスト回の主効果は $F(1, 52) = 6.06, p = .02$，$\eta_p^2 = 0.1044$，補部の種類とテスト回の交互作用効果は $F(1, 52) = 0.06, p = .81$，$\eta_p^2 = 0.0012$ であった。

6. おわりに

本章では，外国語学習者にとってあるべき文法の姿を具現化したものが教育文法であると位置付け，不定詞補部と動名詞補部の違いを説明する言語学のアプローチを見てきた。理論言語学の 1 つである認知言語学は，言語事実を単に説明するだけでなく，文法の背景にある理由を解き明かしてくれる点で有用であることを述べた。不定詞補部を例に挙げれば，不定詞が着点を表す前置詞 to を起源とするために，不定詞補部の内容が動詞の後に生じる事柄を含意する。このような空間的用法が時間的用法へと拡張した事例は，具体的領域から抽象的領域へと意味が変化する過程を表し，一般認知能力が発達する過程とも一致することから，意味の変化の流れを説明して，理解を伴った学習を促すことができる。さらに，既有知識など，様々なものと有機的に関連付けながら教えることは，学習者を深い学びへと導くことから，特に現在の日本の教育現場を文脈とした場合，認知言語学の知見は教育文法に資すると考えられる。

高校生を対象に本研究で行われた動詞補部形式の選択に関する調査では，第二言語の習得も，第一言語と同じ習得過程であることがわかった。明示的指導法を行うことによって，指導前では不定詞補部と動名詞補部の得点に有意な差があったが，指導後の事後テストと遅延テストにおいては有意な差が見られなくなるという効果が見られた。さらに，認知言語学に依拠した明示的な説明を与えた場合は，一般的な文法解説を与えた場合と同じように，指導の直後には効果があったが，その効果は一時的なものであったことから，明示的な説明を与えた上で，学習者が自ら理解を定着できる活動を与えると効果的であると示唆された。

今回の調査に関しては，様々な要因や制約により，遅延テストの実施が指導の 6 日後であったが，間隔を 1 か月などに伸ばした実証も今後は必要である。本研究を予備調査として，さらに発展した研究へと進めたい。

【外国語教育に関わる人が知っておくべきポイント】

・補部形式に関して，典型的には，動詞が表す事柄に後続して補部の事柄が起きる場合には不定詞，動詞と補部の事柄が時間的に重なる場合には動名詞が選択される。

- 第一言語習得と同じく，英語を外国語として学ぶ日本語母語話者の第二言語習得の過程も，不定詞の後に動名詞が習得されるという順になる。
- 明示的指導により，動詞補部における不定詞／動名詞選択に関する習得の差は縮められる。
- 初級英語学習者を対象とした場合，明示的指導の効果は一時的に留まる。
- 効果を持続させるためには，明示的に文法の規則性を説明するだけでなく，活動を伴った指導が必要である。

【執筆者から読者へのメッセージ】

認知言語学から得られる知見は，学習者が持つ疑問，すなわち，文法の「なぜ」に答えてくれることから，納得しながら理解ができ，指導者側に説明力を持たせてくれる点で，有用である。認知言語学的アプローチは，さまざまなことを有機的に関連付けながら深い学びへと導き，実りの多い学びの実現の足場となる。最近，第二言語習得や言語学に興味を持つ小学校・中学校・高等学校の先生方が少なくなっているようで寂しいが，少しでもこうした学問の魅力を伝えることができる研究を進め，一人でも多くの方を魅了させられれば，筆者としてこれに勝る喜びはない。

付　記

本研究は，JSPS 科研費（21K02854）および（21H00541）の助成を受けたものである。

参照文献

安藤貞雄（1984）.「動名詞と不定詞の意味論」『英語青年』*130*(7), 330–332.

Ausubel, D. P. (1960). The use of advance organizers in the learning and retention of meaningful verbal material. *Journal of Educational Psychology, 51*(5), 267–272. https://doi.org/10.1037/h0046669

Biggs, J. B., & Tang, C. (2011). *Teaching for quality learning at university* (4th ed.). The Society for Research into Higher Education & Open university Press.

Bolinger, D. (1968). Entailment and the meaning of structures. *Glossa, 2*(2), 119–127.

Borenstein, M., Hedges, L. V., Higgins, J. P., & Rothstein, H. R. (2021). *Introduction to meta-analysis* (2nd ed.). John Wiley & Sons.

Brown, R. (1973). *A first language: The early stages.* Harvard University Press.

Dirven, R. (1990). Pedagogical grammar. *Language Teaching, 23*(1), 1–18. https://doi.

org/10.1017/S0261444800005498

Duffley, P. J. (2006). *The English gerund-participle: A comparison with the infinitive.* Peter Lang Publishing.

江川泰一郎 (2001).『英文法解説 (改訂三版)』金子書房.

Fischer, O. (1992). Syntax. In N. Blake (Ed.), *The Cambridge history of the English language: Volume II* 1066–1476 (pp. 207–408). Cambridge University Press.

藤井数馬 (2009).「コアを意識させた授業実践から得られる可能性と課題—動詞に続くかたちとしての不定詞と動名詞から—」『主流』*71*, 61–85. http://doi.org/10.14988/pa.2017.0000015235

Jespersen, O. (1961). *A modern English grammar on historical principles: Part V* (Syntax, fourth volume). George Allen & Unwin. (Original work published 1940)

Kaleta, A. (2020). The infinitive or the gerund?: Cognitive linguistics in teaching English post-verbal complementation. In G. Drożdż & B. Taraszka-Drożdż (Eds.), *Foreign language pedagogy in the light of cognitive linguistics research, second language learning and teaching.* Springer.

児馬修 (1990).「準動詞」中尾俊夫・児馬修 (編)『歴史的にさぐる現代の英文法』(pp. 178–192). 大修館書店.

Kondo, T., & Shirahata, T. (2015). The effects of explicit instruction on intransitive verb structure in L2 English classrooms. *Annual Review of English Language Education in Japan, 26*, 93–108. https://doi.org/10.20581/arele.26.0_93

Langacker, R. (1987). *Foundations of cognitive grammar: Volume I Theoretical prerequisites.* Stanford University Press.

Langacker, R. (1991). *Foundations of cognitive grammar: Volume II Descriptive application.* Stanford University Press.

Langacker, R. (2008). *Cognitive grammar: A basic introduction.* Oxford University Press.

村田勇三郎 (1982).『機能英文法』大修館書店.

Niemeier, S. (2017). *Task-based grammar teaching of English: Where cognitive grammar and task-based language teaching meet.* Narr Francke Attempto Verlag.

Piaget, J. (1950). *The psychology of intelligence* (M. Piercy & D. E. Berlyne, Trans.). Routledge & Kegan Paul. (Original work published 1947)

Quirk, R., Greenbaum, S., Leech, G., & Svartvik, J. (1985). *A comprehensive grammar of the English language.* Longman.

Robinson, P. (1996). Learning simple and complex second language rules under implicit, incidental, rule-search, and instructed conditions. *Studies in Second Language Acquisition, 18*(1), 27–67. https://doi.org/10.1017/S0272263100014674

Shirahata, T. (1991). The acquisition of English infinitive and gerund complements by Japanese EFL learners. *Annual Review of English Language Education in Japan, 2*, 41–50. https://doi.org/10.20581/arele.2.0_41

Smith, M. S. (1981). Consciousness-raising and the second language Learner. *Applied Linguistics, 2*(2), 159–168. https://doi.org/10.1093/applin/II.2.159

Taylor, J. R. (2008). Some pedagogical implications of cognitive linguistics. In S. De Knop & T. De Rycker (Eds.), *Cognitive approaches to pedagogical grammar: A volume in honour of René Dirven* (pp. 37–66). Mouton de Gruyter.

Wakabayashi, S. (2003). Contributions of the study of Japanese as a second language to our general understanding of second language acquisition and the definition of second language acquisition research. *Second Language Research, 19*(1), 76–94. https://doi.org/10.1191/0267658303sr215oa

Wakabayashi, S. (2021). A principle of economy in derivation in L2 grammar: Do everything in narrow syntax. *Second Language Research, 37*(4), 521–545. https://doi.org/10.1177/0267658319879969

Wierzbicka, A. (1988). *The semantics of grammar.* John Benjamins.

Yamanashi, M. (2002). Commentary: Cognitive perspectives on language acquisition. *Studies in Language Sciences, 2*, 107–116.

5

小学校英語教育における音声指導

—語強勢指導の重要性—

箱﨑雄子

1. はじめに

グローバル化が進展し，国際共通語としての英語の必要性が一層高まりを見せている。この英語の世界的な広がりに鑑みて，学習者は必ずしも母語話者のような発音を目指す必要はなく，聞き手に分かりやすい明瞭性（intelligibility）の高い発音を目指すべきであろう。音声指導では，母音や子音などの分節音素と，強勢やイントネーションなどの超分節音素[1]が扱われるが，超分節音素は，話し言葉において話し手が自分の意図する意味を伝えたり，聞き手が重要な情報に注意を向けたりする働きを持ち，明瞭性の向上に重要な役割を果たすと言われている[2]。そこで本章では，超分節音素の一つである強勢に焦点を当てる。英語において語強勢の誤配置が明瞭性に与える影響を概観した上で，小学校英語教育における明瞭性の向上を目指した語強勢の指導および指導上の留意点について述べる。

2. 研究の背景

2.1 英語の語強勢

ある音節を発音する際に，肺からの呼気が強くなったり，その量が多くなると，聞き手が感じる音の大きさが増大するが，その現象を強勢（stress）と

1　母音と子音などは分節音素（segmental phoneme）と呼ばれる。超分節音素（suprasegmental phoneme）は，2つ以上の分節音素にまたがって存在する音素のことであり，高さ（pitch）や強勢（stress），イントネーション（intonation）などを指す（白畑・冨田・村野井・若林，2019）。

2　Derwing, Munro, & Wiebe（1998）, Hahn（2004）, Field（2005）, Zielinski（2008）, Grant（2014）

いう[3]。世界の言語に目を転じると，語中の主強勢[4]の位置が定まっている言語と定まっていない言語がある。前者は固定強勢（fixed stress）の言語と呼ばれ，ハンガリー語は原則として最初の音節，ポーランド語は最後から2番目の音節に主強勢が置かれる。一方，英語は（1a）のように，語中の主強勢の位置が一定ではないため，自由強勢（free stress）の言語と呼ばれる[5]。また（1b）のように，強勢の配置の違いが品詞を区別するために用いられる[6]ことから，強勢は聞き手が語を認識するために重要な役割を果たし，強勢の位置を誤ると明瞭性を失ってしまう[7]。また，（1c）のように2つ以上の語が連続する場合，強勢の衝突を避けるために前の語が主強勢を失うことがある[8]。

（1） a.　végetable, comédian, Indonésia, communicátion
　　 b.　ímport と impórt, résearch と reséarch
　　 c.　Jàpanése + péople → Jàpanese péople, Nèw Yórk + Cíty → Nèw York Cíty

英語の語強勢の音声的性格は，音の高さ（pitch），音の大きさ（loudness），音長（duration/length），音色（quality/timbre）という4つの要因からなる複合体とされる[9]。つまり学習者は，これら4つの要因を意識して発音する必要がある。

2.2　音声指導における語強勢の位置づけ

2.2.1　intelligibility

外国語学習に関しては，当該言語の母語話者のような発音をすることは可能であり，学習者は母語話者のような発音を目指すべきだとする母語話者原

3　強勢は個々の母音や子音が受けるものではなく，音節全体が受ける。強勢を受けた音節は，音が大きくなるとともに，多少ピッチが高まり，音が長めとなるのが普通である（竹林, 1996, p. 114）。

4　最も強い強勢は第一強勢（primary stress）とも呼ばれる。その場合，次に強い強勢は第二強勢（secondary stress）と呼ばれる。

5　Ghosh & Levis（2021, p. 2）

6　Wells（2006, p. 3）

7　Ghosh & Levis（2021, p. 2）

8　この現象は強勢移動（stress shift）と呼ばれる（竹林, 1996, p. 409）。

9　竹林（1996, p. 360）による。他にもBond（1981），Bond & Small（1983），Field（2005），Ghosh & Levis（2021），Zhang & Francis（2010）も参照されたい。

則（Nativeness Principle）と，学習者は必ずしも母語話者のような発音をする必要はなく，明瞭性の高い発音を目指すべきだとする明瞭性原則（Intelligibility Principle）が存在する[10]。前者においては，母語話者のような発音を目指すあまり，第二言語話者が効果的なコミュニケーションを行うためには母語話者レベルの発音は必要ないという事実が忘れ去られてしまう危険性がある[11]ので，注意しなければならない。

では，明瞭性とは何を意味するのだろうか。明瞭性は，ある発話が実際にどの程度理解されるかを示すと言われる。これに関連して，発話における意味内容の理解で聞き手が感じる難しさを示す「理解性（comprehensibility）」と，話し手の外国語なまりがどの程度強く感じられるかを示す「なまり度（accentedness）」という用語がある[12]。明瞭性と理解性には相関があるが，聞き手は話し手の発話を正確に書き取ることができ，明瞭性が高いと判断する場合でも，語彙や文法の不正確さによって内容を理解するのが難しく，理解性は低いと判断することがある[13]。また，第二言語話者は強いなまりがある場合でも明瞭性は高いと評価されることがあり[14]，なまり度はコミュニケーションとの関連性が低いと言われている。一方，明瞭性と理解性はコミュニケーションの成立に密接に関連しているため，注意を振り向ける価値が十分にある[15]。なお，発話が実際に理解される度合いと発話を理解するために聞き手が感じる難しさの度合いは重複することから，理解性を含めた広義の意味で明瞭性を定義することがある[16]。本章では，小学生児童の英語の明瞭性向上を目指した音声指導について論じるが，児童の発話は単文で構成され，発話の意味内容の理解というよりは，単語や発話の認識というレベルを扱うことになることから，理解性を含めた広義の明瞭性の定義に従う。

ところで，イギリスの言語学者 Abercrombie は，さかのぼること 1956 年に，英語の音声指導においては「細部の完璧さのために流暢さが犠牲になっ

10　Levis（2005）
11　Levis（2018, p. 11）
12　Munro & Derwing（1995a, p. 291）
13　Munro & Derwing（1995b）
14　Derwing & Munro（2005）
15　Munro（2011, p. 9）
16　Levis（2018, p. 12）

てはならない[17]」と主張した上で，著書の中で以下のように述べている。

> Is it really necessary for most language learners to acquire a perfect pronunciation? Intending secret agents and intending teachers have to, of course, but most other language learners need no more than a comfortably intelligible pronunciation (and by 'comfortably' intelligible, I mean a pronunciation which can be understood with little or no conscious effort on the part of the listener).[18]
> ほとんどの言語学習者が完璧な発音を獲得することは本当に必要だろうか。秘密諜報員や教師を目指す場合には当然必要だが，その他のほとんどの学習者は，無理なく理解可能な発音以上のものを必要としない。(「無理なく」理解可能とは，聞き手がほとんど，あるいは全く意識的に努力せずに理解することができるような発音を意味する。)(筆者翻訳)

この考え方は，現代の音声指導にも通じる。では，細部の完璧さを求めず，流暢さを犠牲にせずに，聞き手が無理なく聞いて理解することができる発音を目指した音声指導とはどのようなものだろうか。

1980年代には「コミュニカティブ・アプローチ」が広がりを見せ，コミュニケーション能力の養成に力が注がれた。その流れの中で，英語学習者には発音の閾値（a threshold level of pronunciation）があり，この閾値を下回ると，いくら文法力や語彙力に優れていても口頭でのコミュニケーションが成立しない可能性があることが分かった[19]。つまり，発音指導では，この閾値を超えるための指導を行うことになる。

英語において分節音素と超分節音素のどちらが明瞭性の低下に影響を与えるかについては意見が分かれている[20]が，超分節音素の一つである強勢の誤

17　原文は 'the attainment of fluency should not be sacrificed to perfection of detail'（Abercrombie, 1956, p. 31）。fluencyとは，目標言語を話したり，書いたりする際の滑らかさ，流暢さ，および機能的な適切さのこと（白畑他, 2019）。

18　Abercrombie（1956, p. 37）

19　Celce-Murcia, Brinton & Goodwin（1996）

20　分節音素との関わりについてはDerwing & Rossiter（2003），超分節音素との関わりについてはMunro & Derwing（2006）などを参照されたい。

配置は明瞭性を低下させる要因になると言われている[21]。また，英語には弱形と強形があり，例えば，that という語は，‘I know that.’ では強形で，‘I think that I understand it.’ では弱形で発音される。強形だけを使って話すことも可能だが，英語母語話者の多くは強形だけで話されるのを聞くと不自然で外国人っぽい（foreign-sounding）と感じる[22]。日本語にはいわゆる強勢拍のリズムの概念がないことから，日本語母語話者は，明瞭性を高めるためにも強勢が置かれる音節の位置と発音方法，および弱形の発音方法を習得することが肝要である。発音指導に費やすことのできる時間やエネルギーは限られており，超分節音素の発音を習得することでより早く理解可能な発話に近づけることができるという先行研究の知見に基づいて，本章では超分節音素の指導に焦点を当てることとする。

2.2.2　teachability

分節音素か超分節音素かという議論に対して，図 1 のように，教えやすさ（teachability[23]）とコミュニケーション上の重要性（communicative importance）の尺度を用いることができる[24]。この図によると，分節音素は，教えやすいがコミュニケーション上の重要性は低く，超分節音素の一つであるイントネーションは，コミュニケーション上の重要性は高いが教えにくい項目ということになる。その点，強勢は，教えやすさとコミュニケーション上の重要性のバランスが取れており，音声指導において最も焦点化しやすい項目であると見なすことができる。

21　Roach（2009）

22　Roach（2009, p. 89）。弱形と強形がある単語は英語には約 40 個あると示している。

23　ここでの teachability とは，白畑他（2019）で示されている言語処理可能性理論に基づく教授可能性ではなく，学びやすさ（learnability）と関連する「教えやすさ」を意味する。

24　Dalton & Seidlehofer（1994）

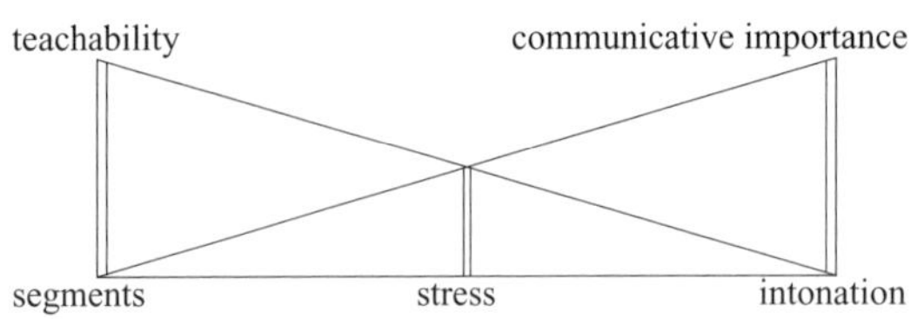

図 1　音声指導における teachability[25]

3.　語強勢に関するこれまでの研究

3.1　超分節音素全般に対する英語母語話者の評価

英語母語話者は英語非母語話者の発音をどのように評価するのだろうか。

Anderson-Hsieh, Johnson, & Koehler（1992）は，SPEAK Test[26] の録音音源を使用して，英語非母語話者の実際の発音と英語母語話者による英語の総合的な評価との相関を調べている。まず第二言語としての英語（English as a second language）の教授経験が豊富で，SPEAK Test の評価経験がある英語母語話者 3 名が，英語非母語話者 60 名（母語内訳：アラビア語，アルメニア語，中国語，ペルシア語，ドイツ語，ギリシャ語，インドネシア語，韓国語，セルビア・クロアチア語，スペイン語，インド亜大陸諸語）が音読した英文（127 語）を聞き，英語を総合的に評価した。評価規準には，intelligibility と acceptability が採用された。評価の尺度は，SPEAK Test では 4 段階だが，Anderson-Hsieh, Johnson, & Koehler（1992）では 0.5 点刻みの 7 段階である。0 点は「理解が不可能な訛りが強い発話」，1.5 点は「訛りがあるが理解可能な発話」で，満点の 3 点は「母語話者に近い発話」とした。調査対象者全体の平均点は 1.55 点で，発音評価の際には，SPEAK Test と同様，個々の発音ではなく全体的な印象で評価する傾向があると結論づけた[27]。

次に，発音表記の訓練を受けた 2 名が調査対象者の音読を発音記号で転写し，筆頭著者を含めた 3 名が分節音素，音節構造，プロソディについて採点した。分節音素の発音や，母音挿入など音節構造における間違いに関して

25　Dalton & Seidlehofer（1994, p. 73）

26　SPEAK Test とは，全米の大学で授業助手（teaching assistant）のスピーキング能力を測定するツールとして採用されているテストである。

27　Anderson-Hsieh, Johnson, & Koehler（1992, p. 530）

は，間違えた数を総出現数で割り，エラー率を産出した。一方，プロソディは，当初，①強勢，②リズム，③イントネーション，④フレーズ化，⑤全体的なプロソディの 5 項目だったが，評価項目間の相関が高く[28]，分析では⑤の点数のみが使用された。統計分析の結果，分節音素，プロソディ，音節構造の採点結果は，英語の総合評価と相関があったが，中でもプロソディが特に相関が高い結果となった。また，分節音素および音節構造は，プロソディと比較し，調査対象者の母語に左右される可能性を示唆した。Anderson-Hsieh, Johnson, & Koehler (1992) は，英語母語話者による英語の総合評価に最も大きな影響を与えるのがプロソディである可能性を示唆しており，非母語話者が明瞭性の高い発音を目指すためにもプロソディの習得が重要であると考える。

3.2　語強勢の誤配置

英語によるコミュニケーションにおいて，強勢は発話の中で語を識別する上で重要な働きを持つことから，語強勢の誤配置は明瞭性に影響を与えると言われている[29]。そこで，語強勢の誤配置に関する先行研究を概観することにしよう。

3.2.1　Benrabah (1997)

語強勢が英語による効率的なコミュニケーションにおいて不可欠な要素であるとした上で，語強勢の誤配置が明瞭性に及ぼす影響を調べている。英語母語話者（イギリス人）が，3 名の話者（インド人，ナイジェリア人，アルジェリア人）が発音した英文を書き取った研究のデータを分析している。その結果，語強勢の誤配置が原因で，英語母語話者は話者が意図した単語とは異なる単語を書き取っていることが分かった。〔例：DIvision（本来は第 2 音節に強勢）→ region, riCHARD（本来は第 1 音節に強勢）→ the child, norMALly（本来は第 1 音節に強勢）→ no money, seCONdary（本来は第 1 音節に強勢）→ country, cheMIStry（本来は第 1 音節に強勢）→ community, UPset（本来は第

28　$\alpha = .90$

29　Anderson-Hsieh, Johnson, & Koehler (1992), Benrabah (1997), Field (2005), Isaacs & Trofimovich (2012), Zielinski (2008)

2音節に強勢）→ absent〕

データ分析の結果，母語話者は英語の発音を聞く際に聴覚的な期待（aural expectancies）を持ち，超分節的特徴に依存した聞き方をする傾向があるため，語強勢の配置を誤ると意図した単語が認識されないと結論づけている。また，母音や子音の発音が正しくても，語強勢を誤ることで語が正しく認識されないことに鑑みて，発音指導では分節的特徴よりも語強勢が優先して指導されるべき[30]であり，指導者は，語強勢の重要性や語強勢の誤配置がコミュニケーションの阻害要因となることを常に学習者に注意喚起する必要がある[31]と主張している。

3.2.2 Field (2005)

語強勢の位置を故意に操作した音声を聞かせる実験を行っており，特徴は2点ある。1つ目は，Field (2005) 以前の研究では，韻律的要素（語強勢，リズム，イントネーション）やなまり度に基づいて，英語母語話者が非母語話者の明瞭性を評価しているのに対し，Field (2005) では，母語話者だけでなく非母語話者も評価者として採用している点である。2つ目は，Field (2005) 以前の研究では，分節音素や超分節音素の複数の要素と明瞭性の関係を探っているのに対し，Field (2005) では，語強勢に焦点を絞っている点である。調査対象者は英語母語話者82名（平均年齢15歳）と非母語話者76名（母語内訳：韓国語16名，日本語15名，中国語10名，スペイン語9名，ポルトガル語6名，イタリア語6名，ドイツ語4名，フランス語2名，アラビア語2名，ペルシア語，ロシア語，ポーランド語，チェコ語，グルジア語，ブルガリア語各1名）で，音声を聞いて単語の書き取りをした。実験では，2種類の2音節語を使用している。具体的には，第1音節に強勢がある12語（例：SECond）と第2音節に強勢がある12語（例：beGIN）である。前者から6語，後者から5語選び，①標準形（例：[ˈsekənd]），②強勢移動（例：[seˈkəːnd]），③強勢移動＋母音の音色変化[32]（例：[sɛˈkɒnd]）という3種類の

30 Benrabah (1997, p. 162)

31 Benrabah (1997, p. 163)

32 母音の音色は，共鳴器としての口腔および咽頭の形で変化する（竹林, 1996, p. 51）。ここでいう母音の音色変化とは，ある母音を別の母音に置き換えることを意味する。

操作を行った。残る 13 語については，母音の音色の変化を伴わず，強勢移動だけ行った。

調査の結果，母語話者においても非母語話者においても語強勢の誤配置は明瞭性に影響を及ぼしており，明瞭性が低下する度合は，母音の音色の変化の有無と強勢移動の方向に大きく依存することが分かった。また強勢移動の方向に関しては，第一強勢が右方向に移動する時よりも左方向に移動する時の方が，明瞭性の低下がより明らかであった。

3.2.3　Zielinski (2008)

母語が異なる調査対象者 3 名 (母語内訳：韓国語，中国語，ベトナム語) と教育に関して 2 時間のインタビューを行い，英語母語話者がそこから抽出された文を聞いて書き取りを行っている。聞き手が話し手の意図と異なる単語を書き取っている場合，書き取った語の音声的特徴を本来の発音と比較し，英語母語話者が感じた困難の要因を特定しようと試みた。その結果，英語母語話者は単語の聞き取りをする際には，非母語話者の母語に関係なく，音節数 (強音節と弱音節の数と語の強勢パターン) および強音節の母音に依存すると結論づけている。強勢が置かれる母音の発音を間違えることが単語の誤認識に最も影響を与えることを示した。

3.2.4　Isaacs & Trofimovich (2012)

強勢の誤配置が生じても母音の音色が変化しない場合には，時間はかかるが単語を認識することができる。つまり，明瞭性への影響は少ないが，発話を理解するために聞き手が努力をする必要があり，理解性への影響はあることになる。

Isaacs & Trofimovich (2012) の調査対象者は，フランス語母語話者 40 名である。19 の指標 (分節音素，超分節音素，流暢さ，語彙，文法，談話レベル，等) を用いて英語による発話の理解性を評価し，理解性判断のための評価尺度を見出そうとしている。まず 60 名の英語母語話者が，フランス語母語話者の英語による発話を聞いて理解性を評価し，次に，第二言語としての英語 (English as a second language) の教師 3 名が，理解性を評価する際に考慮した言語的側面について内省をした。その結果，理解性の異なる第二言語学習者を明確に区別する5つの評価尺度が同定された。具体的には，初級レベルの学習者に対しては，語彙の豊富さと流暢さ，上級レベルの学習者に対しては，文法と談話レベルの尺度が妥当と判断された。また，語強勢の誤配置はすべてのレベルの学習者に有効な尺度と判断されたことから，語強勢の誤配置は理解性判断に最も有効な項目であると結論づけている。

3.2.5　Ghosh & Levis (2021)

英語の語強勢の誤配置が英語母語話者にとっても第二言語学習者にとっても深刻な影響をもたらすという，先行研究で明らかにされてきた知見に基づいて，語強勢の誤配置の予測モデルの構築を試みている。先行研究では2音節語に限定した検証が行われてきたが，Ghosh & Levis (2021) では2音節語から5音節語を対象としている。聴覚語彙判断課題 (auditory lexical decision task) と遅延語彙識別課題 (delayed word identification task) を用いて，英語の語彙強勢の誤配置に関する階層モデル[33]を検証している。

その結果，すべての誤配置が等しく負の影響を与えるわけではなく，母音の音色の変化の有無と強勢移動の方向が，語強勢の誤配置による明瞭性低下の予測因子になることから，音声指導では母音の音色に影響を及ぼす語強勢の誤配置を優先的に扱うべきと主張している。

3.3　学習開始年齢

外国語学習に関して，「早くから始める方が良い」や「発音の習得は開始年齢が低い方が有利である」と聞いたことがあるのではないだろうか。ここで第二言語における語強勢の習得と学習開始年齢の関係について考えてみたい。

Guion, Harada, & Clark (2004) は，英語母語話者，早期バイリンガル，後期バイリンガル各10名を対象に，学習開始年齢が英語の強勢パターンの習得に及ぼす影響について検証している。バイリンガル話者はいずれも第一言語がスペイン語で，アメリカ滞在歴が最低5年で，調査時には日常的に英語を使用していた。英語の学習開始年齢は早期が2.5～6歳で，後期が15～

33　English Word Stress Error Gravity Hierarchy

33 歳である。2 音節の無意味語 40 語を用い，生成（production）と知覚（perception）において，3 つの要因（①音節構造，②品詞による強勢型[34]，③実在語との音韻的類似性）が強勢付与の予測要因として作用するか調査している。その結果，②と③に関しては，3 群とも強勢付与の予測要因となっていた。一方，①に関しては，早期バイリンガルでは母語話者と効果が少し異なり，後期バイリンガルでは相当異なっていた。早期バイリンガルは，全体的に英語母語話者に近い形で無意味語へ強勢付与をしていたが，後期バイリンガルは音節構造や品詞に関係なく第 1 音節に強勢を付与する傾向があった。これは Guion 他（2004）で使用された無意味語が 2 音節語であり，スペイン語では一般的に語末から 2 つ目の音節に強勢が付与されることから，母語干渉によるものと考えられる。

Guion（2005）では韓国語と英語の早期および後期バイリンガル 20 名を対象に同様の調査を行っている。③に関しては，両群とも英語母語話者と同様に強勢付与の予測要因となっていたが，①に関しては，早期バイリンガルでは母語話者と効果が少し異なり，後期バイリンガルでは相当異なっていた。また②に関しては，先の研究のスペイン語のバイリンガルとは異なり，強勢付与の要因となっておらず，韓国語の母語干渉による可能性が示唆された。

Guion 他（2004）と Guion（2005）は，学習の早期開始が英語の強勢パターンの習得に有利であることを示しているが，いずれも第二言語環境，つまり目標言語が日常的に使用される環境での研究である。では，外国語学習環境，つまり目標言語が日常的には使用されず，教室等で外国語として学ばれる環境ではどうだろうか。

白畑（2002）は，文科省（当時）より国際理解教育の研究開発校の指定を受けた小学校で「英語学習」を経験した生徒（Ex）と，中学校で初めて英語学習を開始した生徒（Non-Ex）の英語能力を 3 つの視点（音素識別能力，英語発音能力，英語の流暢性）で比較している。英語発音能力に関しては分節音素と超分節音素に分けて調査しているが，後者では，2 音節以上の単語の第一アクセントが正確に発音できるかに焦点が当てられている。外国語指導助

34　英語では，名詞が前方強勢，動詞が後方強勢を取るのが一般的である（竹林, 1996, p. 378）。

手（ALT）5名による評価の結果，Ex と Non-Ex 間で統計的有意差は見られなかったと報告している。なお，3つの視点すべてにおいて Ex と Non-Ex の英語運用能力に差がない結果となったが，その理由として，英語に接触する時間（週1回3年間，合計105時間）が言語習得をするためには短すぎること，教師からの発音指導もほとんどなく，遊びの要素の強いゲームを中心とした活動では効果が期待できないことを挙げている。白畑（2002）は，本実験結果では，音声習得において年少者の優位性を検証することができなかったと述べている。

3.4　日本語母語話者を対象とした強勢の指導

次に，日本語を母語とする学習者に焦点を絞り，英語の強勢を指導する際に考慮すべき点について考えてみたい。

Avery & Ehrlich（1992）は，第一言語別に発音上の問題点と指導上のコツを紹介している。日本語は開音節が圧倒的に多いため，日本語母語話者は子音連続や閉音節[35]の語の発音に苦労することや，日本語には英語のあいまい母音（/ə/）に相当する母音がないことから，単語や文を発音する際に英語のリズムに必要な母音弱化ができないことを発音上の問題点として挙げている。英語の強勢の主な指標が母音の長さと大きさであることを意識し，強勢のある母音は「長く」，強勢のない母音は「短く」発音することで英語のリズムで発音できるようになると述べている。

日本の大学生の音読指導に焦点を当てている Togo（1999）は，日本語なまりの英語は明瞭性がとても低く，日本語母語話者が英語でコミュニケーションを行う際に支障をきたすことは広く知られている[36]とした上で，語強勢や文強勢の誤配置を明瞭性低下の要因の一つに挙げている。また，強勢拍のリズム（stress-timed rhythm）の言語である英語を音節拍のリズム（syllable-timed rhythm）の言語である日本語の母語話者が話す際には，母語の負の転移が見られるとしている。大学生の音読音声を分析し，語強勢や文強勢の誤配置があることと基本的な英語の強勢パターンが全く見られないことがコミュニ

35　音節を構造面から大きく2つに分けた時の1つで，子音で終わる音節を指す（白畑・冨田・村野井・若林, 2019）。

36　Togo（1999, p. 112）

ケーションの阻害要因と述べている[37]。

Thompson（2001）は，日本語母語話者にとって英語の子音連続は難しく，短母音を挿入してしまう傾向があると述べている。具体的には，table を /teburu/，match を /matʃi/ と発音してしまうこと，特に最後の子音が /n/ や /r/ の場合，この傾向が顕著になるとしている。この他，複合名詞や日本語に借用された語の強勢が英語の強勢と異なる場合，問題が生じるとしている。また，日本語には was, can, have のような語の発音に見られる強形や弱形の区別がないことから，意識的に学習し練習する必要があると主張している。「強勢の強弱の差が著しい言語では弱い強勢の音節の母音がかなり弱く発音され，その結果，音色が変質する[38]」が，これは日本語にはない現象であるため，日本語母語話者にとって習得が難しい項目であると考える。

以上の先行研究から，日本語母語話者を対象とした語強勢の指導では，子音連続における母音挿入，強勢の誤配置，母音弱化を焦点化して扱うことが効果的と考える。

4. 調査

4.1 目的

学習指導要領改訂（2017 年告示）により，2020 年度から小学校第 3 学年および第 4 学年で外国語活動，第 5 学年および第 6 学年で教科外国語科が全面実施されている。教科化に伴い，現在，全国の小学校では科書会社 7 社が発行した検定教科書[39]が使用されている。第 5 学年および第 6 学年の学習語彙に関しては，「その範囲は中学年の外国語活動で学習する語を含み，中学校の外国語科で学習する内容の基礎となり，かつ中学校に行ってからも繰り返し学ぶことが期待される中心的語彙を想定しており，中学校の外国語科の学習の土台として十分な 600 ～ 700 語程度の語」[40]とあるが，語彙選定に関し

37　Togo（1999, p. 117）

38　竹林（1996, p. 104）。このような母音は弱化母音（reduced vowel）または弱母音（weak vowel）と呼ばれ，この現象は母音弱化（vowel reduction）と言われる。

39　*Blue Sky elementary*（新興出版社啓林館），*CROWN Jr.*（三省堂），*Here We Go!*（光村図書出版），*Junior Sunshine*（開隆堂出版），*JUNIOR TOTAL ENGLISH*（学校図書），*NEW HORIZON Elementary*（東京書籍），*ONE WORLD Smiles*（教育出版）

40　文部科学省（2017, pp. 89–90）。また，「児童の発達の段階に応じて，聞いたり読んだり

ては特に規定がなく，各教科書会社に委ねられている。

本調査では，小学校の外国語科の検定教科書で扱われている語彙を分析し，明瞭性の向上を目指した効果的な音声指導の進め方と指導上の留意点について考える。

4.2　調査の手順

検定教科書 *Crown Jr. 5* と *Crown Jr. 6*（いずれも三省堂）で扱われている語彙のうち，教科書のパノラマ絵および巻末で文字が提示されている単語をリスト化した。語彙のカテゴリーは，動作，状態・気持ち，飲食物，学校生活，町，職業，日常生活，スポーツ，動物，色・形，数，季節・曜日・月，自然・天気，人と体，祝祭日・行事・遊び，国や地域，位置・方向で，総語彙数は634語であった。本調査では語強勢について分析することから，複合語（例：hot dog），国名，数，フレーズ（例：brush my teeth），「enjoy ... で使うもの」を除いて，430語からなる語彙リストを作成した。本調査では，子音連続における母音挿入の起こりやすさに関する予測という視点で，扱われている語彙を分析することとした。

4.3　調査結果と考察

日本語の音節は基本的に開音節（子音＋母音）であることから，日本語母語児童は，英語の子音連続を発音する際に母音を挿入し，カタカナ語のように発音してしまう傾向がある。単語の発音がカタカナ語の発音と乖離している場合には，特に留意する必要がある。例えば，日本語の「ミルク」は3モーラで [mi][ɾu][ku] だが，英語の milk は1音節で /mɪlk/ である。一方，日本語の「ストレート」は5モーラで，英語の straight は1音節である。モーラと音節数の差が前者は2つだが，後者は4つであり，差が大きいほど，児童にとって英語らしく発音することが難しいことが予想される。

することを通して意味が理解できるように指導すべき語彙（受容語彙）と，話したり書いたりして表現できるように指導すべき語彙（発信語彙）とがある」ことから，音声指導を行う際には，すべての語彙を同等に扱うのではなく，受容語彙に関しては「聞き方」，発信語彙に関しては「話し方」を中心に指導することになる。

抽出した語彙430語のうち，カタカナ語として辞書[41]に掲載されているものは405語であった。つまり，教科書に掲載されている語彙の約94%がカタカナ語ということになる。表1は，日英差が大きく，指導する際に留意すべき単語である。

表1　モーラ数（日本語）と音節数（英語）の差が大きい単語

日英差	
6	break·fast
5	bas·ket·ball, black·board, grand·fa·ther gym·nas·tics, hair·dress·er, sketch·book, space·ship
4	air·plane, as·tro·naut, base·ball, book·store, car·toon·ist, cheese·burg·er, class·room, cy·cling, dodge·ball, Eng·lish, en·trance, ex·cit·ing, fire·work(s), flor·ist, grand·moth·er, il·lus·tra·tor, in·ter·est·ing, In·ter·net, kin·der·gar·ten, mo·tor·cy·cle, news·pa·per, note·book, sand·wich, sci·en·tist, spring, strong, su·per·mar·ket, tri·an·gle

英語では頭子音は最大3つ，脚韻は最大4～5つの子音を持つことができる。日本語には子音連続がないことから，子音の数が多ければ多いほど，児童にとっては発音が難しいはずである。子音連続が3つ以上の単語をリスト化したものが，表2である。

表2　子音連続が3つ以上の単語[42]

am·bu·lance [mbj], an·gry [ngr], as·tro·naut [str], book·store [kst], children [ldr], com·put·er [mpj], Eng·lish [ŋgl], en·trance [ntr], grand·fa·ther [ndf], in·struc·tor [nstr], in·stru·ment [nstr], pen·cil [nsl], pen·guin [ŋgw], pres·ent [znt],rec·tan·gle [ŋgl], spring [spr], square [skw], straw·ber·ry [str], strong [str], tri·an·gle [ŋgl], um·brel·la [mbr], Wednes·day [nzd]

次に，具体的な指導について考えよう。

Hakozaki & Toguchi (2021) は，小学校第3学年の児童21名を対象に，超

41　三省堂 (2020)。カタカナ語として辞書に掲載されているということであり，必ずしも小学生児童が知っているということではないので，注意されたい。

42　単語の後ろのブラケット内は当該の子音の発音記号を表している。

分節音素の一つである文強勢に焦点を当てた明示的な音声指導[43]を行い，その効果を検証している。児童の音読音声を指導前後で比較したところ，指導効果が現れなかった児童は，強勢を「声量を大きくすること」と捉えて，文強勢が置かれる語を必要以上に大きな声で発音する一方で，他の語を極端に小さな声で発音する傾向がみられた。児童は大人の学習者と異なり，メンタルレキシコン[44]のアコースティックイメージがまだ形成されていないため，複数の情報があることで注意が分配されてしまう可能性がある。Hakozaki & Toguchi（2021）では，調査対象者が文強勢に意識を向けすぎたことでスムーズに音読ができなくなる現象[45]を引き起こしたとしている。児童に音声指導を行う際には，情報を一つに絞り，強勢が置かれる音節や弱勢のあいまい母音を発音するコツを明示的に指導するべきと考える。

また，ピッチアクセント[46]の言語である日本語の母語話者に対しては，指導者は強勢がある母音の長さの側面を強調することが重要である[47]。日本語には強勢という概念がないことから，年少者や学習初期段階にある学習者に対しては，強勢が置かれる母音は「強く」ではなく「長く」発音すると説明した方が効果的である。

Loewen（2014）は，指導による第二言語習得の主な目的は，第二言語学習者のコミュニケーション能力のための暗示的知識または手続き的知識を育成することであり，学習者がその目的を達成するためには教室でのコミュニケーションとインタラクションが有用であるとするのは論理的だと述べている。音声指導では児童が音声の特徴について学ぶだけでなく，学習したことを実際のコミュニケーションの中で使用することが肝要である。

43　文強勢の位置に黒丸を付与して視覚化して提示した。

44　ある言語の使用者は，その言語の語彙に関する情報を頭の中に持っている。その情報の集合を心的情報（mental lexicon）という（白畑他, 2019）。

45　行為の自動化（自動処理），選択的注意や注意の分配といわれている。

46　ピッチ（pitch）は音の高低のこと（白畑他, 2019）。

47　Avery & Ehrlich（1992, p. 106）。竹林（1996, p. 362）は，[daːdada] と発音すれば英米人は第一音節に強勢があり，[dadaːda] と発音すれば第 2 音節に強勢があると判断するとした上で，母音の長短は語強勢の要因の 1 つであり，その認知に影響を与えるとしている。

5. おわりに

本章では，小学校の英語教育における効果的な音声指導を提案するために，超分節音素の一つである語強勢の指導に着目した。語強勢の誤配置や子音連続における母音挿入が明瞭性の低下を引き起こす原因となることから，日本語のモーラ数と英語の音節数の差が大きい単語は特に留意するとともに，強勢が置かれる母音を長く発音する指導法の有用性があると述べた。

【外国語教育に関わる人が知っておくべきポイント】

・英語の発音においては，すべての音声項目が同等に重要ではなく，明瞭性を向上させるための優先順位がある。
・超分節音素（高さ，強勢，イントネーションなど）に関しては，指導者が意識を向けず暗示的な指導が行われると，向上の期待ができない。
・英語の強勢は，4 つの要因（音の高さ，音の大きさ，音長，音色）が複合的に作用している。

【執筆者から読者へのメッセージ】

外国語学習の初期段階である小学校では，英語を用いて積極的にコミュニケーションを図る態度の育成に重点が置かれ，音声を中心とした指導が行われている。音声指導においては，体系的な学習を通して，英語と日本語の音声の特徴や違いに気づきを促すことが大切である。その上で，児童が学習したことを実際に使用する場面を多く設ける必要がある。

付記

本研究は，科研費（19K00821, 21H00541）の助成を受けたものである。

参照文献

Abercrombie, D. (1956). *Problems and principles: Studies in the teaching of English as a second language.* Longmans, Green and Co.

Anderson-Hsieh, J., Johnson, R., & Koehler, K. (1992). The relationship between native speaker judgments of nonnative pronunciation and deviance in segmentals, prosody, and syllable structure. *Language Learning*, 42(4), 529–555. https://doi.org/10.1111/j.1467-1770.1992.tb01043.x

Avery, P., & Ehrlich, S.（1992）. *Teaching American English pronunciation.* Oxford University Press.

Benrabah, M.（1997）. Word stress: AL source of unintelligibility in English. *International Review of Applied Linguistics in Language Teaching, 35*（3）, 157–165. https://doi.org/10.1515/iral.1997.35.3.157

Bond, Z. S.（1981）. Listening to elliptic speech: Pay attention to stressed vowels. *Journal of Phonetics, 9*（1）, 89–96. https://doi.org/10.1016/S0095-4470（19）30929-5

Bond, Z. S., & Small, L. H.（1983）. Voicing, vowel, and stress mispronunciations in continuous speech. *Perception & Psychophysics, 34*, 470–474. https://doi.org/10.3758/BF03203063

Celce-Murcia, M., Brinton, D., & Goodwin, J. M.（1996）. *Teaching pronunciation: A reference for teachers of English to speakers of other languages.* Cambridge University Press.

Dalton, C., & Seidlhofer, B.（1994）. *Pronunciation.* Oxford University Press.

Derwing, T. M., & Munro, M. J.（2005）. Second language accent and pronunciation teaching: A research-based approach. *TESOL Quarterly, 39*（3）, 379–397. https://doi.org/10.2307/3588486

Derwing, T. M., Munro, M., & Wiebe, G.（1998）. Evidence in favor of a broad framework for pronunciation instruction. *Language Learning, 48*（3）, 393–410. https://doi.org/10.1111/0023-8333.00047

Derwing, T. M., & Rossiter, M. J.（2003）. The effects of pronunciation instruction on the accuracy, fluency, and complexity of L2 accented speech. *Applied Language Learning, 13*（1）, 1–17.

Field, J.（2005）. Intelligibility and the Listener: The Role of Lexical Stress. *TESOL Quarterly, 39*（3）, 399–423. https://doi.org/10.2307/3588487

Ghosh, M., & Levis, J. M.（2021）. Vowel quality and direction of stress shift in a predictive model explaining the varying impact of misplaced word stress: Evidence from English. *Frontiers in Communication, 6*: 628780. https://doi.org/10.3389/fcomm.2021.628780

Grant, L.（Ed.）.（2014）. *Pronunciation myths: Applying second language research to classroom teaching.* University of Michigan Press.

Guion, S. G.（2005）. Knowledge of English word stress patterns in early and late Korean-English bilinguals. *Studies in Second Language Acquisition, 27*（4）, 503–533. https://doi.org/10.1017/S0272263105050230

Guion, S. G., Harada, T., & Clark, J. J.（2004）. Early and late Spanish–English bilinguals' acquisition of English word stress patterns. *Bilingualism: Language and Cognition, 7*（3）, 207–226. https://doi.org/10.1017/S1366728904001592

Hahn, L. D.（2004）. Primary stress and intelligibility: Research to motivate the teaching of suprasegmentals. *TESOL Quarterly, 38*（2）, 201–223. https://doi.org/10.2307/3588378

Hakozaki, Y., & Toguchi, T.（2021）. Effectiveness of explicit teaching of English sentence stress for Japanese elementary school students. *Proceedings of the 20th International Conference of the Japan Second Language Association*, March 2021, 27. Online.

Isaacs, T., & Trofimovich, P. (2012). Deconstructing comprehensibility: Identifying the linguistic influences on listeners' L2 comprehensibility ratings. *Studies in Second Language Acquisition, 34*(3), 475–505. https://doi.org/10.1017/S0272263112000150

Levis, J. M. (2005). Changing contexts and shifting paradigms in pronunciation teaching. *TESOL Quarterly, 39*(3), 369–377. https://doi.org/10.2307/3588485

Levis, J. M. (2018). *Intelligibility, oral communication, and the teaching of pronunciation.* Cambridge University Press.

Loewen, S. (2014). *Introduction to instructed second language acquisition*. Routledge.

文部科学省 (2017).『小学校学習指導要領 (平成 29 年告示) 解説 外国語活動・外国語編』

Munro, M. J. (2011). Intelligibility: Buzzword or buzzworthy? In. J. Levis & K. LeVelle (Eds.). *Proceedings of the 2nd Pronunciation in Second Language Learning and Teaching Conference*, Sept. 2010, 7–16. Iowa State University.

Munro, M. J., & Derwing, T. M. (1995a). Processing time, accent, and comprehensibility in the perception of native and foreign-accented speech. *Language and Speech, 38*(3), 289–306. https://doi.org/10.1177/002383099503800305

Munro, M. J., & Derwing, T. M. (1995b). Foreign accent, comprehensibility, and intelligibility in the speech of second language learners. *Language Learning, 45*(1), 73–97. https://doi.org/10.1111/j.1467-1770.1995.tb00963.x

Munro, M. J., & Derwing, T. M. (2006). The functional load principle in ESL pronunciation instruction: An exploratory study. *System, 34*(4), 520–531. https://doi.org/10.1016/j.system.2006.09.004

Roach, P. (2009). *English phonetics and phonology* (4th ed.). Cambridge University Press.

三省堂 (2020).『コンサイスカタカナ語辞典 第 5 版』三省堂.

白畑知彦 (2002).「研究開発学校で英語に接した児童の英語能力調査」『静岡大学教育学部研究報告 教科教育学篇』33, 195–215. https://doi.org/10.14945/00002881

白畑知彦・冨田祐一・村野井仁・若林茂則 (2019).『英語教育用語辞典 第 3 版』大修館書店.

竹林滋 (1996).『英語音声学』研究社.

Thompson, I. (2001). Japanese speakers. In M. Swan & B. Smith (Eds.), Learner English: *A teacher's guide to interference and other problems* (2nd ed.) (pp. 296–309). Cambridge University Press.

Togo, K. (1999). *A Study of pedagogical phonetics.* Otowa-Shobo Tsurumi-Shoten.

Wells, J. C. (2006). *English intonation.* Cambridge University Press.

Zhang, Y., & Francis, A. (2010). The weighting of vowel quality in native and non-native listeners' perception of English lexical stress. *Journal of Phonetics. 38*(2), 260–271. https://doi.org/10.1016/j.wocn.2009.11.002

Zielinski, B. W. (2008). The listener: No longer the silent partner in reduced intelligibility. *System, 36*(1), 69–84. https://doi.org/10.1016/j.system.2007.11.004

6

英語の授業における表現欲求時指導法

―中学校での明示的指導―

吉田龍弘・白畑知彦

1. はじめに

本章の目的は，中学校英語科の授業において，タスク（task）を中心とした授業展開をベースとしながらも，従来の「タスク基盤型教授法（Task-based Language Teaching: TBLT）」には欠けていた，新出文法事項の導入にも役に立つ新しい指導法「表現欲求時指導法（explicit instruction at the point of communication need）」を提案することである。この指導法は「表現したいのにその言い方がわからない」という学習者の表現欲求を満たすことを最大の特徴としている。

本章の構成であるが，これまでに提案され実践もされている「提示・練習・産出」指導法（Presentation-Practice-Production: PPP），タスク基盤型指導法，フォーカス・オン・フォーム（Focus on Form: FonF），タスク支援型指導法（Task-supported Language Teaching: TSLT）の主要な外国語指導法の特徴をまず解説・検討し，日本の教育環境下でのそれらの指導法の問題点をあげていく。その後，新たな指導法として提案する表現欲求時指導法について，それがどのような指導法であるのか解説したい。

冒頭で述べておきたいことは，教師がどのような指導法を採用するにしても，以下にあげる日本の教室での英語学習環境を無視してはいけないということである。

(1)　日本の教室で学ぶ学習者・学習環境の特徴
　a.　教師の指導を受けながら教科書を使用して学習する。

b. 教師は1名で，たいてい英語の非母語話者であるが，学習者と同じ日本語を話すため，母語を通して互いにコミュニケーションが取りやすい。
c. 授業時間数が週当たり数時間に限られている。
d. 中学校・高等学校の場合，新たな文法項目，語彙を次々に習っていかなければならない。
e. クラス人数が数十名のため，教師から一対一で教えられるチャンスは少ない。
f. 同一の教室にいる学習者であっても習熟度に差があるため，自分に合ったペースで学習が進むとは限らない。
g. 教室外で英語を使用する機会が少ない。

2. 研究の背景

2.1 提示・練習・産出型指導法（PPP）

PPPは，日本に限らず世界中の第二言語の教師に最も人気のある指導法だと言われている[1]。PPPとは，外国語の授業において，学習者に指導する文法項目をまず提示し，その文法項目の練習を行った後に，産出する機会を与え，学習を促す指導法である[2]。表1にPPPの授業展開をまとめた[3]。

表1　PPPの授業展開例

ステップ1：Presentation 英語表現の提示	教師による明示的な言語材料の導入・提示
ステップ2：Practice 英語表現の練習	導入した言語材料の口頭練習 導入した言語材料のドリル学習　など
ステップ3：Production 英語表現の産出	言語材料を用いたコミュニケーション活動

授業の冒頭の「提示（Presentation）」では，教師がクラス全体に対して，

1　鈴木（2017）
2　白畑・冨田・村野井・若林（2019）
3　Ellis & Shintani（2014）

本授業の学習目的となる言語材料（文法項目）を導入する。その後の「練習(Practice)」では，口頭練習やワークブックなどを用いたドリル学習を行う。練習を通して，言語材料に慣れ親しんだ後，「産出（Production）」として，言語材料の定着とコミュニケーション能力の習得を目的としたコミュニケーション活動が展開される。

表 1 で示した PPP の標準的展開にさらに工夫を加えた，「改訂型 PPP」と呼ばれるものもある[4]。提示では，生徒の好奇心や想像力を刺激する英文，日常生活に関わりのあるオーセンティックな英文などを使用することにより，学習者の興味や関心を引きそうな例文の提示をする。そして，最後の産出では，言語項目を限定した活動の後，内容に重点を置いた自由度の高い活動・タスクを設定する。このように，改訂型 PPP では，学習した言語材料を使用しながら，形式的な産出練習ではなく，本来のコミュニケーションに近い形での言語活動を追求している。

その他，「PCPP」という指導法の提案もある[5]。この指導法は，PPP に新たに「理解（Comprehension）」を加え，「提示 → 理解 → 練習 → 産出」の流れで授業を行うことで，外国語の習得を促進できることになる。このように，従来の PPP をもとに，様々に修正を加えた指導法が提案されている。それは，元来の PPP には，(2) のような問題点があるからである。

(2)　a.　提示で，学習者はその授業の学習目的を告げられることなく，未知の言語材料（新出文法項目）について指導を受けることになる。
　　b.　産出で，本来のコミュニケーション活動が十分に行われない場合もある。

1 つ目の問題点である (2a) を言い換えれば，提示において教師から新出言語材料が導入される際，当該授業での学習目的を最初に教えられることなく，教師から一方的に提示される場合が多々あるということだ。PPP では，基本的に，その授業で学習しようとする言語材料が最初に導入される。しか

4　佐藤・笠原・古賀 (2015)
5　村野井 (2006)

し，その時点で学習者は，当該言語材料をどのような学習目的で，またどのような使用場面・状況で使うのが適切であるか認識していない。そのような学習状況の中で教えられた言語材料が，その後の言語活動で学習者によって効果的に活用できるのか疑問となる。

明確な文脈が提示されているコミュニケーション活動の中で，未知・未習の言語材料の使用が必要になったときに，当該言語材料を使用したいという知的欲求が学習者の中から必然的に生まれ，知識の習得が促進されるのではと考える。「未知・未習の言語材料への知的欲求」とは，学習者が現在の状況を第二言語（英語）を用いて適切に表現するための知識がないことに「気づき（noticing）」，その知識を学習者の内面から欲することである。

英語の授業を展開する上で，目標言語の形式的特徴とそれが表す意味・機能との関連と，現在自分が表現できる知識との間のギャップに学習者が意識的に気づくことは，外国語学習にとって大切な要素となる[6]。また，コミュニケーションの場面で言いたいことを表現しようとする際，自分の意見をうまく言語化できない，つまり，「言いたいこと」を表現するための言語知識が現在の自分の中間言語にはないと気づくことが，言語習得を促進する上で重要な要素であるという意見もある[7]。

以上のことから，PPP の第 1 段階の提示で，学習者がコミュニケーションの必要性を感じないまま指導された言語材料は，外国語学習に必要であると多くの研究者から主張されている「気づき」が発生せず，そのため効果的に習得に結びついていかないと推測できる。

2 つ目の問題点としてあげた（2b）では，PPP 指導の第 3 段階である産出の際，コミュニケーション活動が不十分であったり，不適切だったりすることが多々あるということを指摘している。前述した改訂型 PPP のような改善版もあるが，残念ながら，この指導法はまだ一般的には普及していないように思われる。2021 年度から全面実施された中学校学習指導要領の解説書である『中学校学習指導要領解説 外国語編』によれば，日本の一般的な教室では，「英語の授業は依然として，文法・語彙等の知識がどれだけ身に付

6　Schmidt（1990）

7　村岡（2012）

いたかという点に重点が置かれ，外国語によるコミュニケーション能力の育成を意識した取組，特に「話すこと」及び「書くこと」などの言語活動が適切に行われていないことや「やり取り」・「即興性」を意識した言語活動が十分ではない (p. 6)」とのことである。さらに，「生徒の英語力の面では，習得した知識や経験を生かし，コミュニケーションを行う目的や場面，状況等に応じて自分の考えや気持ちなどを適切に表現すること (p. 6)」も課題として記されている。

日本で最も多く実践されている英語指導法が PPP であることを前提に現状を考察すると，PPP の提示では教師による文法や語彙の説明が極端に長かったり，必要以上に詳しかったりする。また，練習では，あまりにも機械的で，適切な文脈も伴わない練習問題やドリル学習がいまだに行われている現実もあるようだ。さらに，産出においても，習った表現を単に繰り返すだけの無意味パタン・プラクティス的な似非コミュニケーション活動が設定されている可能性もある。『中学校学習指導要領解説 外国語編』に明記されているが，(日本の教室環境の学習者は)「自分の考えや気持ちを適切に表現することに課題がある (p. 6)」という批評は，それぞれのレッスンにおける学習目的や使用場面・状況などに応じたコミュニケーション活動の設定が不十分のためだと考える。

2.2　タスク基盤型指導法 (TBLT)

学習目的や使用場面・状況に応じたコミュニケーション活動を実践するための指導法として，タスク活動を中心とした外国語指導法 (TBLT) が考案されている。TBLT は，学習者が教師から与えられたタスクを達成することに大きな焦点があてられており，タスク活動を通して言語の定着を図る指導法である。タスクに取り組むことによって，学習者が目標言語を教室内で積極的に使用することを主眼としている[8]。TBLT 的な指導法では，タスクの遂行が主目的であり，そこで使用される言語材料 (文法項目) は特に限定しないのが一般的である。

TBLT は，相互交流仮説 (the Interaction Hypothesis) をもとに発達してき

8　白畑 他 (2019)

た[9]。つまり，意味を伝え合おうとする双方向の努力（＝意味交渉）が，学習者に理解可能なインプット（Comprehensible Input）を受ける機会を多く与えたり，自らの発言について相手からフィードバックを貰ったり，さらに自らがアウトプットする機会も多く与えられるため，外国語学習が促進されると相互交流仮説は主張する。相互交流仮説にもとづき，タスクを使用して目標言語で積極的にやり取りする機会を与え，教室内での意味交渉を活発に行わせようとするのが TBLT である。

ただし，日本の中学校での英語科で，TBLT を行う際には (3) のような問題点がある。

(3) a. 新出の言語材料の導入は，基本的に前提としてはいない。
　b. 学習者の中間言語への気づきを十分に促すほど，タスクを繰り返す時間を確保できない。
　c. 語彙項目を並べるだけでタスクが完結してしまうこともある。

1 つ目の問題点については，前述もしたことだが，TBLT は既に習った言語材料を使用してタスク活動することを前提としている。よって，複数の既習事項の定着を図る上では良い方法であるが，次から次へと出てくる新出の言語材料を導入する指導法としては不向きであると言える。

2 つ目の問題点は，日本の教室では，タスクを繰り返して学習者の中間言語への気づきを促すほどにはその学習機会や授業時間が足りないという点である。学習指導要領に示されている多くの言語材料の指導を求められる日本の英語教育環境下では，タスクを繰り返して行う時間を確保しにくいのが現実である。タスクを繰り返して行う中で，学習者の中間言語への気づきを促さなければいけないわけだが，日本の教室のような「外国語としての英語（English as a Foreign Language: EFL）」環境下で，学習者の中間言語への気づきを促すには，「第二言語としての英語（English as a Second Language: ESL）」環境ほどの機会がないのは当然である。EFL 環境での TBLT は，中学校や高等学校の授業で実践するよりも，文法を一通り学習した段階にいる大学の英

9　白畑 他 (2019)

語授業での実践の方が適している気がする。EFL 環境下では，規則を直接的な言葉では教えない暗示的な指導よりも，教師による明示的な指導の方が効果的であると我々は考える。

3 つ目の問題点として，タスクのやり方次第では，単語だけのやり取りで意思の疎通が可能になり，タスクが完結してしまう場合もあることをあげておきたい。文法能力の伸長につながらなくなってしまう可能性も高い。

2.3　フォーカス・オン・フォーム (FonF)

意味中心の言語活動の中で，言語形式にも着目して指導するアプローチに FonF がある[10]。FonF は，学習者が意味内容やコミュニケーションに焦点をあてながら活動する際，学習者の誤りに「偶発的 (incidental)」に意識を向けさせる方法である[11]。学習者が既習の言語材料を用いることを前提としており，PPP や TBLT のような授業全体を網羅する指導法ではなく，授業内で教師が「一時的」または「部分的な」言語形式の誤りに注意を向けさせる[12]。言語形式に着目させるときは，短時間で暗示的に示すことでコミュニケーション活動を遮断しない[13]。「短時間に暗示的」とは，リキャスト (recast) のように，学習者の言い誤りを言い直す程度で，文法などの説明は明示的にはせず，あくまでも学習者に気づかせるという意味である。しかし，その後，学習者に「計画的 (planned)」に意識を向けさせるやり方も FonF であり，偶発的か計画的かという問題よりも，自然な形で文法事項に学習者の意識が向けられることが重要だと強調されるようになった[14]。

表 2 は，学習者の誤りに気づかせるフィードバックの具体例である[15]。FonF の具体例としては，教師が生徒の言いたいことの意味を変えずに，間違った部分を訂正したリキャストなどが代表である。例えば，生徒が I go to the park yesterday. と発話した場合，教師は生徒が自らその誤りに気づくよう

10　和泉 (2016)，佐藤 (2012)

11　Long (1991)

12　髙島 (2000, 2005a, 2005b)，鳥越 (2014)

13　Long (1991)

14　Ellis (2003, 2008)

15　和泉 (2016) を参考に，筆者たちが再検討したものである。

に，Oh, you WENT to the park? とリキャストを行い，会話の流れを妨げずに学習者の誤りを訂正する方法が例としてよくあげられている。

表 2　FonF でのフィードバックの例

方法：具体例	長所	短所	工夫
リキャスト（recast）： S: I go to the park yesterday. T: Oh, you WENT to the park yesterday.	さりげなく簡単	気付き難い	強調して言う
繰り返し（repetition）： S: I go to the park yesterday. T: Oh, you GO to the park yesterday?	簡単	気付き難い	リキャストと組み合わせる
導き出し（elicitation）： S: I go to the park yesterday. T: Oh, yesterday, you ...?	自発的に訂正できる	発話を促し難い	促す仕草をつける
明確化要求（clarification request）： Could you say it again?	導き出しが上手くいかなかったときに		
意味交渉（negotiation of meaning）： Which are you talking about, the past or the present?	導き出しが上手くいかなかったときに		

ここで，日本の英語教育における FonF の課題について考えていきたい[16]。FonF には，表 2 にあげた短所以外にも，以下の（4）に示す問題点がある。

（4）a.　新出の言語材料の指導には不向きである。
　　b.　即座に気づきを与えられる人材が日本の学習環境下では少ない。
　　c.　基本的に教師は 1 名であるが，学習者は 1 クラス 30 名以上いる。

まず 1 つ目は，TBLT と同様，FonF は新出の言語材料の導入を前提としておらず，学習者がすでに学習した事項への気づきを促す指導法ということである。気づきを促すわけであるから，学習していない新出の言語材料を導入する指導法としては不向きとなる。

16　Long（1991）や Doughty & Williams（1998）も参照。

2 つ目の問題点は，表 2 に示す「リキャスト，繰り返し，導き出し，明確化要求，意味交渉」などの方法を用いて，即座に学習者に気づきを与えられる人材（教師）が，日本の学習環境下では少ないということだ。学習者が誤りを発話したら瞬時にしてその誤りを訂正できる教師はそれほど多くはない。学習者の誤りの種類も多種多様である。過去形を現在形で発話した誤りや，不定冠詞の脱落した誤りなどは容易にリキャストできるであろうが，学習者の誤りには複雑なものも多い。

もし教師にリキャストをやるチャンスがあるとしても，学習者のどのような誤りの発話に対してリキャストが可能なのだろうか。せいぜい，I go to Tokyo yesterday. や I ate two banana. といったような「簡単に修正できる文法形態素の誤り」しかないのではと思う。リキャストを推奨する本や研究論文に書かれている例は，大抵の場合，文法形態素の誤りに対するリキャストの例である。表 2 の例もそうである。しかし，そんなに都合よく学習者が教師の前で誤りのある発話をしてくれるとは思えない。

学習者が次の (5) で示すような発話をしたら，教師としてどのようなリキャストをするだろうか。この発話は，授業での会話練習の際に，大学生が教師の前で発話したものである。この学生が何を言いたかったのか，会話を中断して日本語で尋ねたところ，「友達とディズニーランドに行ったのだが，行く前からワクワクしていた」ということを話したかったそうである。

(5)　I was pleasure before I go.

相手が何を言いたいのかわからない発話をしてきた時に，教師は口頭ですぐに「正しい形式で」リキャストできない。何を言いたいのか聞いてみなければわからない発話は山のようにあることを教師は経験的に知っている。口頭でのやり取りで，いちいち会話をストップして，何を言いたいのか，学習者に尋ねることは容易ではない。教師側にしても，何とリキャストしていいのかわからない誤りもよくある。正しい形式が何であるのか，しばらく考えてしまうような英文発話は多い。適切なリキャストが可能な場面はごくごく限られた誤り，過去形の誤りとか複数形の -s を落としているような誤りに限定される。

一方，教師ではなく，学習者同士で誤りへの気づきを促すような指導の場合，英語の運用能力の高い一部の高校生同士であれば，実現可能かもしれない。しかし，スローラーナーの多い高校や，言語材料の乏しい中学生にとっては，クラスメートへの誤り訂正はハードルが高い。また，生徒同士であるから，遠慮をしてしまう場合もあるだろう。

3番目として，教師がFonFの指導をする場合にも現実的な課題が存在する。(4c) で示すように，教師1人に対して生徒数は30名以上なのが通常の教室である。毎回の言語活動の中で，生徒一人一人にFonFにもとづくフィードバックを行うことは不可能と言えよう。小学校での英語の授業を経て，本格的に英語を学びはじめたばかりの中学生には，クラス全員の前で，板書などを使用しながら明示的に指導する支援が必要だと我々は考える。

2.4　タスク支援型教授法 (TSLT)

「意味」中心の活動と「形式」の指導の調和のとれた指導法として，TBLTから派生したTSLTがある。タスクは「意味に焦点を当てたタスク」と「形式に焦点を当てたタスク」のバランスを考えながら，「強いバージョン (Task-based Teaching)」から「弱いバージョン (Task-supported Teaching)」までの連続体として捉えることができる[17]。よって，TSLTとはタスク活動の連続体の中における「形式指導に焦点を当てたタスク活動」と定義できる。日本のように教室外での英語使用が十分でないEFL環境では，TBLTよりも，文法指導の内容と言語活動を両立させ，必要に応じてタスク的な言語活動を取り入れるTSLTの方が有効だという主張もある[18]。では，TSLTにおいて「形式指導に焦点を当てる」とは，具体的には形式にどのように焦点をあてたらよいのだろうか。

TSLTの具体的な授業展開として，山田 (2012) は，中学校段階におけるTSLTシラバスをもとにした英語指導の研究を行っており，その指導として表3のような5つのステップを提示し実践している。

17　Kotaka (2013)
18　Ellis (2008)，髙島 (2000, 2005a, 2005b)

表3　TSLTの授業展開例

ステップ1：Presentation ① 文法指導①	新出の言語材料の「使用」の場面をイメージさせながら説明する。
ステップ2：Practice ① 口頭練習・問題演習	新出の言語材料の音や文字に慣れる。
ステップ3：Production ① コミュニケーション活動	新出の言語材料を用いたコミュニケーション活動を通して，言語の活用に慣れる。
ステップ4：Production ② タスク活動	「使用」の場面を意識しながら，言語を活用し，タスクを完了する。
ステップ5：Presentation ② 文法指導②	タスク活動中の発話内容をもとに，指導者が，より「正確」かつ「適切」な「使用」について説明し，気づかせる。

このTSLTの展開は，ステップ1として「文法の導入」，ステップ2として「口頭練習・問題演習」，ステップ3として「新出表現を使ったコミュニケーション活動」と続く。ここまではPPPにもとづく授業と同じ展開であるが，ステップ4として，「使用（Use）」の場面を意識しながらメッセージを伝え合い，タスクを完了させる「タスク活動」，ステップ5として，タスク活動内の発話内容をもとに，指導者がより正確かつ適切な「使用」について説明し，気づきを促す2回目の「文法指導」が行われる展開となっている。

TSLTは，PPPの産出にあたる言語活動を充実させ，その言語活動の内容をタスクベースで行うことで，言語材料の定着を諮りながら，実践的なコミュニケーション能力を育成する指導法と言える。表3はTSLTの展開の一例にすぎないが，この授業展開が妥当だとすれば，前述した改訂版PPPと非常に類似した内容となる。TSLTと改訂版PPPの違いは，言語活動において厳密に定義されたタスクが存在するか否かと考えることもできる。

TSLTは，日本の英語教育環境に受け入れられやすい指導であるように思われるが，PPP同様，言語活動を行う前段階で言語材料を導入するため，学習者は当該言語材料を学ぶ必要性を感じない可能性がある。PPPにおける問題点でも述べたように，筆者たちは，意味ある言語文脈の中で未知・未習の言語材料での表現が必要になったときに，当該言語材料への知的欲求が生まれ，学習者の言語知識が促進されると考える。

コミュニケーションの場面で言いたいことを表現しようとする際，表現するための十分な言語知識が自分の中間言語にはないという経験にもとづいた「気づき」を経て，第二言語習得に必要な認知プロセスを促進できるという意味である。よって，言語活動を行う前段階の，まだ必要性を感じない中で指導された言語材料は，効果的に習得や活用がなされないと考えられる。

2.5　表現欲求時指導法

本章で新たに提案する表現欲求時指導法は，これまで考察してきた指導法の問題点を考慮し，学習者が意味中心の活動をする中で，効果的に新出の言語材料を学習・活用できるように考案した指導法である。そこで，ここまでに考察を加えた指導法の問題点，そして日本の英語教育環境の現状を次のように整理する。

(6) a.　学習者が今日の授業で行うコミュニケーション活動の目的を明確に告げられないまま，つまり，当該言語材料を学ぶ必要性を感じないままにそれらが導入・指導される場合がある。
　b.　文法・語彙などの「知識面」がどれだけ身についたかという点に重点を置き過ぎる教師もいて，コミュニケーションする目的や場面，状況に応じた言語活動の展開が不十分である場合がある。
　c.　従来の TBLT などは，既習の言語材料を用いて行うのが一般的で新出の言語材料を導入して行う展開は少ない。
　d.　日本の EFL の学習環境は，学習者の中間言語への気づきを促せるほどには授業時間が確保できないため，暗示的指導には限界がある。

以上の課題や現状を考慮し，次のような概念を含む指導法の開発を試みた。

(7) a.　学習者が，新出の言語材料を学ぶ必要性を感じる授業展開
　b.　目的や場面・状況に応じた言語活動を中心とする授業展開
　c.　適切なタイミングでの教師による明示的指導の含まれる授業展開

この 3 つの概念を取り込んだ指導法が，表現欲求時指導法である。その概

要を (8) に示す。

(8)　学習する目的やコミュニケーションをする場面・状況を設定した言語活動を通して，当該授業で学ばせたい新出の言語材料に関する英語表現欲求を学習者に意図的に発生させ，その表現欲求を満たす内容について教師が明示的に指導する方法

表現欲求時指導法の指導目的は 3 つある。1 つ目は，学習目的や使用場面・状況を設定した言語活動を中心に授業を展開することである。これは思考・判断しながら表現する活動を設定することで，実際のコミュニケーションにおいて活用できる「資質・能力」を育成することを目的とする。ここで言う「目的や場面・状況を設定した言語活動」とは，タスク活動をすることを指す。表現欲求時指導法は，授業冒頭で目的や場面・状況を設定したタスク課題を提示し，学習者の言語活動への「動機 (motivation)」を生み出す。さらに，学習者が必要と感じた時に「言語材料に関する指導」を行いながら，コミュニケーションの「経験」を通して言語の「使用」を促す。

2 つ目の目的は，言語活動を通して，学ばせたい言語材料に関する英語表現欲求を教師が学習者に意図的に発生させることである。教師は「学習目的や使用場面・状況を設定した言語活動 (タスク活動)」を企画する際，学習目的とする言語材料について，多くの学習者が「うまく表現できない」と気づく状況を作り出すように設定する必要がある。実際のコミュニケーションの場面で言いたいことを表現しようとする際，学習者がそれをうまく言語化できない状況において「言語化できない」ということを「気づかせ」，その気づきによって言語習得の認知プロセスを促進するという目的がある[19]。

一般的に，タスク活動のような意味交渉を中心とした言語活動を行っている最中に，学習者が「既知の言語知識だけではうまく表現できない」と気づき，適切な英語表現は何かを求めようとするタイミングは，個々の生徒によって異なる。しかし，表現欲求時指導法では，教師が意図的に生徒に対して表現欲求を生み出すことを前提として授業の計画を立てるのである。教師

19　Swain (1998)

はどのタイミングで新出の言語材料を導入するべきかを推測しなければならないし，そのような推測を教師はすることができると考える。教師は，言語活動を進める生徒の発言や様子をじっくりと観察し，活動が煮詰まってしまう前に，今日の授業で導入すべき必要な言語材料を指導することになる。

クラスの母体が大きければ大きいほど，教師が一人ひとりの学習者の表現欲求に適切に対応することは現実的に難しくなる。したがって，クラスの学習者数を考慮に入れながら，表現欲求に応える方法を模索することが重要となる。現在のところ，筆者たちは，生徒 4 人を 1 グループにした小集団活動でもって表現欲求時指導法を活用するのが良いのではないかと考えている。

3 つ目の目的は，学習者の表現欲求を満たす言語材料を教師が明示的に指導することである。前述もしたが，筆者たちは，EFL 環境下では暗示的な文法指導よりも，教師による明示的な指導の方が効果的だと考えている。その理由は，TBLT や FonF の節でも論じたように，EFL 環境では第二言語に接触する時間が限られており，学習者が無意識に当該言語規則の仕組みについて気づくことは困難であるからだ。

明示的指導では，教師と生徒との英語でのやり取りを中心に，言語材料を導入することを基本としたい。中学校学習指導要領解説外国語編の指導計画の作成と取り扱い「(1) エ」では，「生徒が英語に触れる機会を充実するとともに，授業を実際のコミュニケーション場面とするため，授業は英語で行うことを基本とする。その際，生徒の理解の程度に応じた英語を用いるようにすること (p. 86)」とある。英語を使って生徒とやり取りをするコミュニケーション活動を通して，言語材料を指導していく必要があるだろう。よって，表現欲求時指導法での明示的指導においても，可能な限り，教師と生徒との双方向的な英語でのコミュニケーションによって導入することを想定している。高等学校で学習する文法項目とは異なり，中学校で学習する文法の大半は説明が複雑ではないことも理由の 1 つである。ただし，教師の説明を生徒が理解できないようでは本末転倒であるから，臨機応変に英語と日本語の使用を交えていくことが理想であると考える。

表現欲求時指導法の基本的な授業展開を表 4 に示す。

表 4　表現欲求時指導法の流れ

ステップ 1：Need 表現欲求の産出	学習目的や使用場面・状況のある課題に取り組む中で，円滑な課題の解決に必要な言語材料の「表現欲求」が発生する。
ステップ 2：Learn 言語表現の導入	「表現欲求」を満たす言語材料を，教師と生徒との双方向的なコミュニケーションによって導入する。
ステップ 3：Solve 課題の解決	学習目的や使用場面・状況のある課題に引き続き取り組み，学んだ言語材料を用いてタスクの解決を目指す。

その授業展開は大きく 3 つに分けられる。それらは，必要（Need），学習（Learn），解決（Solve），つまり「必要になり，学び，そして解決する」である。これらの「必要 → 学習 → 解決」の各ステップの名称は，学習者の視点から設定した。ステップ 1 の「必要」では，課題を円滑に解決する上で必要となる言語材料の表現欲求（communication need）が学習者に発生する段階である。ステップ 2 の「学習」では，表現欲求に応じた言語材料の明示的な指導を教師から学ぶ段階である。ステップ 3 の「解決」では，学習者が学んだ言語材料を使って言語活動の続きを行い，課題を解決するという段階である。

表現欲求時指導法は，Nelson（1990）のアプローチを改良したものと言ってもよい。Nelson は，大学のライティングセンターでの 5 年間にわたる教師体験や，家庭教師などの経験の中で，「学習者が必要なときに教える」という ESL ライティングのアプローチである「必要時（at the point of need）」を実践した。学生に多くの文章を書かせる中で，彼らが必要に迫られ，疑問点を教師に尋ねて来たとき，つまり，教師からの教えの必要性を表明したときにのみ，関係する言語形式を明示的に教えたのである。

この指導法は，学生が特定の文法構造を最初に教えられ，それを文中で使用するように教師から求められた当時の一般的な指導法とは対照的であった。Nelson の指導法は，言語活動において，学習者の英語表現欲求を満たす言語材料を明示的に指導する点で，表現欲求時指導法と似た価値観を有している。しかし，表現欲求時指導法は Nelson とは異なり，「書く」という限定的な領域に留まらず，「話す」を含めた，より大きな領域で学習者の表現欲求をとらえている。さらに，教師が学ばせたい言語材料を学習者に対して意図的に言語活動の中で発生させようとしている点においても Nelson の指導法よりも優れていると思われる。

さらに，Nelsonの指導法は，広範的で反応的な指導法として理想ではあるが，学習指導要領や教科書シラバス（文法シラバス）に沿って，特定の言語材料を次々に教えることが求められる日本の教育環境において現実的に実施しにくい。一方で，表現欲求時指導法は，教師が授業を企画する際，学習者の「表現したいことをうまく表現できない」という状況を作り出すように設定する計画的指導法と言える。

2.6　各指導法の特徴のまとめ

以下では，ここまでに考察・議論してきた指導法・教え方についての特徴をまとめ，表現欲求時指導法の特徴と比較する。比較項目を「既習言語材料の指導」「新出言語材料の指導」「指導目的」「教師の言語材料に対する指導観」の4項目に分類し，各指導法の特徴を表5に示した[20]。

表5　各指導法の言語材料についての指導の適性と目的

	既習言語材料の指導	新出言語材料の指導	指導目的	教師の言語材料に対する指導観
PPP	○	○	学習→活用	言語材料を教え，慣れさせ，活用させる
TBLT	○	−	活用→学習	タスクの達成を求める
FonF	○	−	活用→学習	活動中，必要に応じて言語形式にも着目させる
TSLT	○	○	学習→活用	言語材料を教え，慣れさせ，活用させる
表現欲求時指導法	○	○	活用→学習	活動中，学習者の表現欲求を受けてから教える

既習の言語材料の導入や使用は，どの指導法でも扱うことができるが，新出の言語材料の指導は，PPPやTSLTに限られる。授業の前半部分で学習者が言語材料を知識として学び，その後，実際に使用させる展開となる。よって，これらは「学習から活用」を目的とした指導法となる。

20　ここでは言語材料の扱いについてのみ論じる。

新出の言語材料の指導には，TBLT や FonF は適していない。前述のとおり，これらの指導法は，既習の言語材料を使用して活動することを前提としている指導法である。よって，これらは，「活用することで学習を促す」ことを目的とした指導法と言える。

表5より，表現欲求時指導法は大きく2つの特徴があることがわかる。1つ目は，活動の中で新出の言語材料を導入するという特徴である。学習目的や使用場面・状況などを設定したタスクの中で，新出の言語表現を導入し，それを活用させながら学習し習得していくことを目指している。この考えはcのいずれにもない考え方である。

2つ目は，学習者の表現欲求に沿って指導する点である。PPP や TSLT は，学習者が望んでいなくても，教師から一方的に言語材料を導入される。FonF も，学習者が使用した表現が誤っていれば，学習者の気持ちに関係なく訂正されることになる。学習者が表現したい言語材料を自ら求める状況を作り出すことが，表現欲求時指導法の最も大きな特色と言える。

3. おわりに

本章では，よく知られている PPP, TBLT, FonF, TSLT の4つの指導法を取り上げ，それらの特徴を解説した。さらに，日本の英語教育で実践する場合に考えられる問題点をあげ，検討した。その後，Nelson のライティング指導での実践をもとにした指導法を応用した筆者たちの表現欲求時指導法を提案した。言語活動において，学習者自らが表現したいという欲求を生み出した時点を見計らって，新出言語材料を明示的に導入するやり方が，表現欲求時指導法の最も大きな特色であると述べた[21]。

【外国語教育に関わる人が知っておくべきポイント】

・「伝えたいことがあるけれど，これまでに習った言語材料では上手くいかない。では，どのような表現を使うと適切に表現できるのか，ぜひ知りたい」という学習者からの表現欲求があってこそ，新しい言語材料の導入に

21　本章の第一著者である吉田は，表現欲求時指導法を活用して実際に中学2年生に比較表現を教え，データを収集した。紙幅の都合で，本章ではその詳細を述べることはできないが，その実践結果は近々に発表するつもりである。

強い意味を持たせることができるのではないだろうか。

・諸外国からさまざまな外国語教授法・指導法が日本に紹介されてくるが，それらが本章の冒頭で記した，「日本の英語教育の現状」に適合している指導法であるかどうか，教師一人一人が吟味していく必要がある。

【執筆者から読者へのメッセージ】

外国語の教え方は千差万別であると思う。唯一絶対的な方法はないと思う。どのような人に教えるのか（小学生か，高校生か），どのような学習環境で教えるのか（週に何時間授業があるのか，クラス人数は何人か）など，さまざまな要因が絡んでくる。本章では学習対象者を中学生に限定して議論を進めたが，小学生や高校生にも応用可能であると思われる。表現欲求時指導法をぜひ実践してみていただきたい。

参照文献

Doughty, C., & Williams, J. (Eds.) (1998). *Focus on form in classroom second language acquisition*. Cambridge University Press.

Ellis, R. (2003). *Task-based language learning and teaching*. Oxford University Press.

Ellis, R. (2008). *The study of second language acquisition* (2nd ed.). Oxford University Press.

Ellis, R., & Shintani, N. (2014). *Exploring language pedagogy through second language acquisition research*. Routledge Press.

和泉伸一 (2016).『フォーカス・オン・フォームと CLIL の英語授業－生徒の主体性を伸ばす授業の提案－』アルク.

Kotaka, M. (2013). Task-based language teaching (TBLT) and the Japanese English classroom. *Tsuru University Graduate School Review, 17*, 47–70.

Long, M. (1991). Focus on form: A design feature in language teaching methodology. In K. de Bot, R. Ginsherg, & C. Kramsch (Eds.), *Foreign language research in cross-cultural perspective* (pp. 39–52). John Benjamins. https://doi.org/10.1075/sibil.2.07lon

文部科学省 (2017).『中学校学習指導要領解説　外国語編』https://www.mext.go.jp/a_menu/shotou/new-cs/1387016.htm (2021 年 10 月 1 日閲覧)

村野井仁 (2006).『第二言語習得研究からから見た効果的な英語学習法・指導法』大修館書店.

村岡有香 (2012).「気づきを高める英語教育」『教育研究』*54*, 233–244. https://doi.org/10.34577/00002309

Nelson, M. (1990). *At the point of need: Teaching basic and ESL writers*. Heinemann.

佐藤一嘉 (2012).『新しい英文法指導アイデアワーク 中学 3 年』明治図書.
佐藤臨太郎・笠原究・古賀功 (2015).『日本人学習者に合った効果的英語教授法入門』明治図書.
Schmidt, R. (1990). The role of consciousness in second language learning. *Applied Linguistics, 11*(2), 129–158. https://doi.org/10.1093/applin/11.2.129
白畑知彦・冨田祐一・村野井仁・若林茂則 (2019).『英語教育用語辞典 (第 3 版)』大修館書店.
鈴木渉 (2017).「文法指導はどのように変わってきたか」鈴木渉 (編)『実践例で学ぶ第二言語習得研究に基づく英語指導』(pp. 3–12). 大修館書店.
Swain, M. (1998). Focus on form through conscious reflection. In C. Doughty, & J. Williams (Eds.), *Focus on form in classroom second language acquisition* (pp. 64–81). Cambridge University Press.
髙島英幸 (編著) (2000).『実践的コミュニケーション能力のための英語のタスク活動と文法指導』大修館書店.
髙島英幸 (編著) (2005a).『英語のタスク活動とタスク』大修館書店.
髙島英幸 (編著) (2005b).『文法項目別英語のタスク活動とタスク―34 の実践と評価―』大修館書店.
鳥越智美 (2014).「思考発話法を活用したフォーカス・オン・フォームの認知プロセスに関する研究」『熊本大学社会文化研究』*12*, 165–186.
山田慶太 (2012).「中学校段階における Task-supported Language Teaching (TSLT) シラバスを基にした英語指導の研究」『STEP BULLETIN』*24*, 122–134.

7

日英語対照に基づく英語学習法

—代名詞・「思う」・文化変形規則—

今井隆夫

1. はじめに

本章では，日本語と英語の違いに焦点を当てた英語の学び方と教え方について考察する。日本語と英語の捉え方の違い，カテゴリー化の違いという認知言語学の道具立てを背景に，日本人英語学習者にとって，習得が困難な項目から，代名詞の使用と日本語の「思う」を英語ではどのように表現すればいいかを取り上げ，日本語と英語の違いに焦点を当てた英語の学び方と教え方について考えてみたい。英語の代名詞の使い方については，日本語は空白で表現することを英語では代名詞で表現することで談話の結束性を保つという機能について考える。関連する道具立てとして，談話の結束性，虫の視点の日本語／神の視点の英語[1]，についても紹介する。日本語の「思う」を英語でどのように表現するかについては，日英語のカテゴリー化の違いの観点から日本語の「思う」を英語ではどのように表現すればいいかを述べる。また，英語授業で用いられる不自然な日本語の活用法について，文化変形規則[2]の考え方から考察した。

2. 文のつなぎ方の違い

2.1 英語の授業で使用される不自然な日本語

みなさんは，日本語で自己紹介をする場合は，どのようにするだろうか？例として，マリアさんの自己紹介をみてみよう。

1 金谷（2019）
2 松本（2014）

(1)　マリアです。中学 1 年生です。好きな科目は国語です。カーリングをするのが好きです。週に 2 回カーリングの練習をしています[3]。

(1) は日本語でふつうに行われる自己紹介である。同じ内容の自己紹介を英語ではどのように行うだろうか？ (2) はマリアさんの英語での自己紹介である。

(2)　My name is Maria. I'm in the seventh grade. My favorite subject is Japanese language. I like curling. I practice curling twice a week.

(2) は英語で自然に行われる自己紹介であるが，(1) との違いは何だろうか？ (3) に示すように，下線部は日本語では表現されていないことに気づくだろう。

(3)　<u>My name</u> is Maria. <u>I</u>'m in the seventh grade. <u>My</u> favorite subject is Japanese language. <u>I</u> like curling. <u>I</u> practice curling twice a week.

次に (4) の日本語をみてみよう。

(4)　<u>私の</u>名前は，マリアです。<u>私は，</u>中学 1 年生です。<u>私の</u>好きな科目は国語です。<u>私は，</u>カーリングをするのが好きです。<u>私は，</u>週に 2 回カーリングの練習をしています。

これは (3) の英語を文字どおりに訳した表現で，日本語としては不自然であり，このような自己紹介をする日本語の母語話者はいないだろう。しかし，読者のみなさんは，このような日本語を英語の授業や教科書，参考書などでみてきたのではないだろうか？筆者は以前，ある中学生が，「英語の授業で使われる日本語が好きでない」と言うのを聞いたことがある。その中学生の日本語感覚は正常であり，(4) のような不自然な日本語は，その使用目

3　(1) と (2) は，今井 (2022, p. 437)。

的の説明が何もなく使われているとすれば問題である。そして，筆者の知る限り，不自然な日本語が使用される理由が説明されているという話は聞いたことがない。

筆者は，不自然な日本語も，日英語の捉え方の違いを学習者に気づいてもらうための手段であることが説明された上で使用されるのであれば，英語の捉え方を教えるための 1 つの手段になると考えるが，残念ながら，目的も説明されずに使われていることがふつうである。ここでは，(1) と (2) のような表現の違いが日本語と英語ではなぜ生じるのかを考えてみたい。

2.2 「虫の視点」の日本語と「神の視点」の英語

金谷武洋氏[4]の道具立てに，日本語は「虫の視点」，英語は「神の視点」という考え方がある。この観点から日英語の違いを見てみたい。

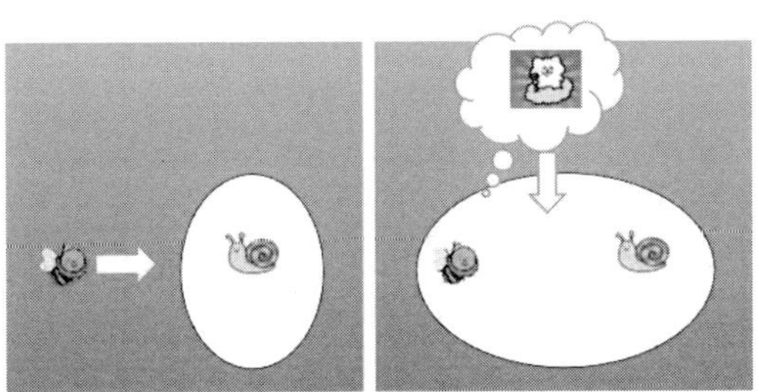

図 1　虫の視点・神の視点

金谷氏の道具立てを筆者なりに理解して纏めれば，日本語は「虫の視点」の言語であり，地面を這う虫のように自分の視野に入るものを言語化する傾向が強いのに対し，英語は，虫である自分から飛び出したもう一人の自分が，神の視点に立って，上空から現実世界を見るイメージの言語である。よって，現実界にいる自分自身も視野に入るので言語化される傾向が強い。よって，(1) のように，日本語では，自分のこと (「私」) を言語表現することはない。一方，英語は神の視点の言語であるため，神位置から現実世界を見れば，そこに自分が存在する。よって (2) のように，話者自身も表現されるの

4　金谷 (2018, pp. 1–35), 金谷 (2019, p. 14) 参照

が基本である。しかし，日本語も必要がある場合は，自分を言語化する場合はある。

この「虫の視点／神の視点」の考え方は，日本語と英語の表現方法の違いを英語の授業で説明するのに有効である。授業では，(1) のような日本語として自然な自己紹介を学習者にさせることから始め，次に英語では (2) のように自己紹介をすることを示し，その違いに気づかせる。そこで，日本語は「虫の視点」で自分の視野にあることを表現するのに対し，英語は「神の視点」で上空から俯瞰するため，自分をも客観視し，言語化されることに触れる。その上で，自然な日本語 (1) から自然な英語 (2) が発話できるようになることを目指して指導する。その気づきの段階の手段として (3) の不自然な日本語は，使用できるのではないかと考える。なぜなら，(3) は日本語としては不自然であるが，英語はこのように言っているということ，敷いては，日本語と英語の表現方法の違いについて考える手段として有効だと考えるからである。

また，試験では，(1) の自然な日本語から，(2) の自然な英語が生み出せることを目標にすべきである。英語教育では，日本語の使用は避ける方が良いという意見もあるが，日本語を母語とする以上，日本語を完全に背景化して，英語だけで考えることは，日本の英語教育が EFL 環境にあることを考えれば，必ずしも容易ではない。それならいっそ，日本語と英語の違いに目を向けさせることで，自然な英語表現を身に着けることを目指す方が現実的である。

次に，日本語は虫の視点の言語で，自分が見える世界を言語化するのに対し，英語は神の視点の言語で，自分も含めた現実の世界を上空から俯瞰的に見るため，話者自身をも言語化することを表 1 の例で見てみよう。

表 1[5]　虫の目視点の日本語と神の視点の英語

	虫の視点（日本語）	神の視点（英語）
(a)	お先にどうぞ。	After you.
(b)	ここはどこですか？	Where are we? / Where am I?
(c)	ここだけの話ですが。	This is just between you and me.

5　池上（2006, pp. 161–167）及び今井（2010, p. 5）を参照。

(d)	国境の長いトンネルを抜けると雪国であった。	The train came out of the long tunnel into the snow country.
(e)	珈琲こぼしちゃった。	I spilled coffee.
(f)	(コンビニで客が店員に) ATM ありますか？	Do you have an ATM here?

(a) では，日本語は話し手の視野にある相手の行為を言語化して「お先にどうぞ」と言っているのに対し，英語は俯瞰視し，自分が後からするという話し手の行為を言語化して After you. と言っている。食べ物を同時に取ろうとした場合や，ドアから同時に出ようとした場合に，相手に譲るときに用いられる表現である。

(b) では，日本語は虫視点であるため，自分の視野にある自分から見える場所を言語化して「ここはどこですか？」と言っているのに対し，神の視点の英語では，上空から俯瞰するため，自分たち (we) も視野にあるので言語化し Where are we? と表現している。日本語ではふつう，「私たち今どこ？」とは言わない。しかし，公園などで地図を見ながらの発話なら可能である。なぜなら，地図を見ているときは，地図上にいると仮定している自分たちのことが視野にあり言語表現できるからである。つまり，日本語では，視野に入れば，自分も表現されるのである。

(c) では，日本語は視野にある自分たちのいる場所を言語化し，「ここだけの話ですが」と言っているのに対し，英語では This is just between you and me. と表現し，視野にない自分 (me) が言語化されている。ここにも虫の視点と神の視点が表れていると考えることができる。

(d) は，川端康成の『雪国』の冒頭の文と Edward George Seidensticker による訳文である。日本語では，列車に乗っている人の視点からの表現で，虫の視点であるので，列車は言語化されていないのに対し，英語では，同じ状況を上空から見て表現している形をとっており，神の視点であるため，自分がその中にいて一体化しているために見えない The train も言語化されている。

(e) では，日本語は，自分の視野にあることを表現した虫の視点の表現になっているが，英語は，神の視点で，自分自身も表現されている。ここでもし，主語が，I ではなく，他の人だったらどうだろうか。例えば，Maria spilled coffee. のような場合。この場合は，日本語も「マリアさん珈琲こぼしちゃった」となり，英語が神の視点で日本語が虫の視点という違いが見えなくなるが，英語では，主語が自分でも他人でも同様に神の視点から視野に入ることを表現しているのではないかと考えられる。このことは，次の例にも関係している。

日本語では，「私はうれしい」とは言えても「Bill はうれしい」というのは不自然で，自然な日本語では，「Bill はうれしいようだよ /Bill はうれしいと言っていたよ」などと表現する。しかし，英語では，I'm happy. も Bill is happy. も自然に使える。これも英語が神視点の言語であるため，神視点に立った自分からは，自分のことも他人のことも同様に見えると考えられる。

(f) は，コンビニの店員に客が聞く表現の対比である。日本語は「ある」を用いており，英語は have を用いているという違いは観察されるが，客の発話であるため you が神でなく客の視野にあるので表現されていると考えることができる。神の視点と虫の視点の違いは観察されないが，店員の発話として，(5) のような自分のことを述べた文で考えると違いが見える。

(5) a.　ATM があります。
　　b.　We have an ATM.

(5a) では視野に入っている ATM のみが言語化されているが，(5b) は神の視点で，自分 (We) も言語化されている。日本語が虫の視点であり，英語が神の視点であるという特徴は，上の Do you have an ATM? と We have an ATM のように，観察する文によっては見えにくくなることがある。また，虫視点の日本語では，目の前にいる対話の相手より，視野にある周りの環境の方を言語化する傾向がある。

最後に，Jack is behind the wheel. という文を考えてみよう。この文は，ジャックが運転席に座っているという意味を表すが，日本人英語学習者には，なぜ behind なのかがわかりにくい表現である。なぜなら，虫の視点の日本語では，Jack はハンドル (wheel) の前に座っていると捉えるからである。これは，お店の前にいる人が，「店の前にいるよ」と表現するのと同じで，自分から見て店が前にあるからである。しかし，英語は，神視点の言語なので，車の進行方向を前と捉えれば，Jack はハンドルの後ろに座っていると表現できるのである。このように，神視点の英語と虫視点の日本語という考え方で，英語表現の不思議を解くことができる。

2.3　空白と代名詞

Hinds (1986) [6] は，日本語と英語における文のつなぎ方について，(6) の例を挙げて，英語学習に役立つと思われる指摘をしている。

(6)　a.　Once upon a time, there was *an old lady*. *The old lady* went to the river to do the laundry. Then *she* returned home and cooked dinner.

　　b.　昔，あるところにお婆さんがいました。ある日お婆さんは川へ洗濯に行きました。それから [∅] 家に帰ってご飯を作りました。

(6a) の英語では，an+ 名詞でお婆さんを話に導入し，次の文では the+ 名詞で受け，その次の文では，she で受けている。一方，(6b) の日本語は，助詞の「が」でお婆さんを話に導入し，次の文では「は」で受け，その次は，空白で受けている。具体的な表現としては，英語は，an → the → she となっており，日本語は，「が」→「は」→「∅ (空白)」となっており異なるが，抽象的なレベルでは，文と文をつなぐ働きをしているという点で同じ機能を果たしていると Hinds は指摘する。つまり，英語は代名詞で文をつないでいくが，日本語は，空白 (省略) で文を繋いでいくという指摘を Hinds はしている。

では，セクション 2 の (1) (2) の例文を代名詞化と空白の観点からもう一度 (7) でみてみよう。

(7)　a.　[∅] マリアです。[∅] 中学 1 年生です。[∅] 好きな科目は国語です。[∅] カーリングをするのが好きです。[∅] 週に 2 回カーリングの練習をしています。

　　b.　My name is Maria. I'm in the seventh grade. My favorite subject is Japanese language. I like curling. I practice curling twice a week.

6　Hinds (1986, p. 2)

(7a) の日本語では，第 1 文目から主語 (私) は表現されず，空白となっている。金谷の虫の視点／神の視点から考えれば，日本語では，自分の視野にない自分自身は虫の視点では表現されないのと，その人が言っているので，自分の話であるとわかることから第 1 文目から空白で，以下の文ではすべて空白が文を繋いで cohesive な discourse を形成していると言える。cohesive な discourse とは，文法的につながっているまとまりのあるお話 (談話) である。一方，(7b) の英語は，My name is Maria. で始まり，以下の文では，自分を指す代名詞 (I) で文を繋いでいる。日本語と英語では，テクスト・談話 (まとまりのある 2 文以上の文) の作り方が違うと言える。では，次節では，関連して，背景となるテクスト・談話について確認しておきたい。

2.4　テクスト / ディスコース

2 つ以上の文が続いて発話されたり，書かれたりしている場合，人はそれらの文が繋がっていると判断して，コミュニケーションを行っている。この 2 つ以上のつながりのある文の集まりのことをテクスト (text) または談話 (discourse) と呼ぶ。では，2 つ以上の文をまとまりのあるテクストにするにはどうするのだろうか。例文 (8) を見てみよう。

(8)　a.　A: What are the police doing?
　　　　B: They are arresting demonstrators.
　　b.　A: What are the police doing?
　　　　B: I have just arrived.

(8) は Widdowson[7] の例であるが，(8a) では，the police を they で受けることで，この対話は繋がっている。これは上で述べた，英語は代名詞で文をつなぐという特徴である。このように形式的に代名詞という文法要素で 2 つの文をつなぎ，テクストにする方法を文法的結束性 (cohesion) と言う。先ほど見た (7a) の日本語では，空白 [∅] が文法的に文を繋いでいると考えられる。

一方，(8b) は，文法的にはこの 2 つの文は，無関係のように見えるが，B

7　Widdowson (1978, pp. 27–29)

の I have just arrived. から，I don’t know what they are doing. ということが推測されるので，この 2 つの対話は，意味的につながっている。このようなつながり方を意味的結束性（coherence）と言う。（I don’t know what they are doing because）I have just arrived. と（　）内の部分は，推測可能なのであえて，発話されていないと考えてもいいだろう。

では，この例の日本語版 (9) を見てみよう。

（9） a.　A: 警察は何をしているのですか？
　　　　B: デモ隊を逮捕しています。
　　b.　A: 警察は何をしているのですか？
　　　　B: 来たばかりなのでわからないです。

(8) の英語と (9) の日本語の違いを見比べてみよう。（9a）の B は「[∅] デモ隊を逮捕しています。」となっており，空白が A の「警察」を受けているので，空白が cohesion を形成していると言える。一方，（9b）は (8b) 同様に coherence を形成しているが，来たばかりなのは発話者とわかるし，日本語は虫の視点の言語であるため，主語の「私」は言語化されていない。

最後にもう一つ，coherence の例をみてみよう。

（10）　A: How many ovens have you fixed?
　　　　B: There is a first time for everything.[8]

この対話は，ドラマの中でのレストランの店主と店員（便利屋：handyman）の対話であるが，店主にオーブンを修理した経験があるかどうかを聞かれた便利屋は，「何だって最初はありますよ」と cohesion の観点からはつながりのないことを言っているが，coherence の観点からは，暗にオーブンを修理したことがないということを伝えており，意味のある談話を形成している。学校の英語授業では，I have fixed no ovens. といった cohesive な回答だけが教えられる場合が多いが，実際のコミュニケーションでは，（10）のような

8　*Crossroad Café,* Episode 1 より

coherent な回答も頻繁に使用される。このことを考えれば，学校英語でも学習段階が進んだところでは，coherent な回答も積極的に導入してもいいのではないだろうか。

3.　文法はカテゴリー化

筆者は「文法とはカテゴリー化である」ということを授業で言う。この節では，この表現が意味することは何かを説明することから始めたい。この表現の 2 つのキーワード，「文法」と「カテゴリー化」の意味を共有していただくことが，本章を正しく理解いただくためには必要なので，1 つずつ説明したい。

3.1　文法

まず，「文法とは何か？」である。本章では，認知言語学の文法の定義に依拠する。認知言語学では[9]，文法を，形（form）と意味（meaning）の記号関係（symbolic structure）と定義している。平たく言えば，形は音を表し，記号[10]は意味と結びつくということを意味するので，ある音がある意味と結びついたものが文法である。となれば，通例考えられるように文法は，文レベルの問題だけではなく，サイズと抽象度にはさまざまあるということになる。

サイズとは，形態素，語，句，文，といった単位のことで，文法（形と意味の記号関係）は形態素，語，文，とさまざまな大きさの表現について言える。つまり，文のレベルだけでなく，語や形態素といったもっと小さな単位であっても，ある形がある意味と結びついていれば文法と呼ぶ[11]。例えば，動詞＋ er という形，swimmer, player, curler, employer なども「動詞を表す行為を行う人」という意味と結びついているので，文法と言える。なお，動詞＋ er ＝「動詞を表す行為を行う人」という文法は，retrospective であり，predictive ではない[12]と認知言語学では考える。つまり，具体的に使用される

9　Langacker（2008, p. 15）
10　信号も記号の例である。青＝進め，黄色＝注意，赤＝止まれと意味がある。
11　Langacker（2008, p. 5）
12　Littlemore（2009, p. 148），河上（1996, p. 50）

言語表現が初めにあり，それらの言語表現の中から帰納的に立ち上がってくる規則性（schema）が「文法」である。これは，動的基盤モデル（dynamic usage-based model of grammar）の考え方である。したがって，存在しない表現にまで，予測的にルールを適応することはできない。ルールは，具体事例に根差して立ち上がっているという考え方が大切である。また，employer/employee, tutor/tutee, interviewer/interviewee などから，行為を行う人／行為を受ける人の関係が，-er/-ee の対に観察されるが，teacher/*teachee とは言えないのは，上で述べた予測可能性の問題である。*teachee という表現が可能でないのは Radden & Dirven（2007）[13] が述べているように，言語と言うのは生態系のようなところがあり，すでにある表現が陣地[14] を取っていると，他の表現がそこには入れないということがあるからかもしれない。student という語が既に陣地を取っているので，*teachee が入る余地がないのである。

次は抽象度についてである。例えば，You can type your questions in the chat box. という表現は具体的な表現である。この表現の一部をスロット化して，You can type X in Y. のようにすれば，より抽象度が上がる。この鋳型を利用すれば，次のような長い発話の一部として，この表現の鋳型を利用することができる。You can type words or phrases in the search box（if you want to look for example sentences in which these words or phrases are included.）もっと抽象度を上げれば，S – V – O – A のような骨組みだけの文型表示になり，これは最も抽象度の高い文法（スキーマ）である。先ほどの employer/employee についても，抽象的な表示は，V+er/V+ee のようになる。しかし，V に入る動詞は，なんでもいいかというとそうでないのは，先ほど述べたところである。以上が，本章で依拠する文法という用語の意味である。

3.2　カテゴリー化

次に，「カテゴリー化」である。カテゴリー化はグループ分けである。よって，文法がカテゴリー化であるとは，ある語や文の形には，それが表せる意味の範囲があるということであるが，問題は，そのカテゴリー化の仕方

13　Radden & Dirven（2007, pp. 4–5）

14　Radden & Dirven（2007, p. 5）は，ecological niche という用語を用いているが，筆者は，「陣地」としてみた。

が言語間では異なるため，英語と日本語では，訳語では思考停止に陥り，学習が成立しないことが多くある。次のセクションでは，日本語と英語ではカテゴリー化の仕方が異なるため，一対一の訳語対応では，英語表現の意味理解にまで至らないことを具体例で見ていく。

4.　訳語では，思考停止になり学習が成立しない例

ここでは，「文法はカテゴリー化である」ということを受けて，日本語と英語ではカテゴリー化の範囲にずれがあるため一対一の訳語を覚えることでは，思考停止になり，英語表現の表す意味理解につながらない例として，日本語の「思います」を英語ではどのように表現するかを見てみたい。その前に，ウォームアップとして，日本語の「すみません」を見ることから始めたい。

4.1 「すみません」

日本語の「すみません」は，1 対 1 対応では英語にできない表現の一例である。「すみません」は，①人に声をかけるときに「すみません」，②何かをしてもらったときにお礼の言葉として「すみません」，③迷惑をかけた時の「ごめんなさい」の意味での「すみません」と少なくとも 3 つの代表的な使い方ができる。日本語でも，②には「ありがとう」，③には「ごめんなさい」というより意味を特定した表現もあるが，上の 3 つの場合は，いずれも「すみません」の使用が可能である。その背後には，誰かが何かをしてくれた場合，感謝と同時にその労に対してすまないと思うという意味の関連性，認知言語学的に言えば，比喩的 (メトニミー的：関連性・隣接性に基づく比喩) な意味のつながりがあると考えられる。

一方，英語では，これらの 3 つの状況は，① Excuse me. ② Thank you. ③ I’m sorry. と，別の表現が使われるが，これは，表 2 に示すように，日本語と英語における事態のカテゴリー化の違いと見ることができる。

表 2 「すみません」と *Excuse me*[15]

すみません		
Excuse me	*Thank you*	*I am sorry*

では，次のセクションでは，「思う」についても「すみません」と同様のことが言えることを考えてみたい。

4.2 「思う」

4.2.1 「思う」は I think なのか？

読者の方は，日本人英語学習者は，英語を使うときに I think を使いすぎるという話を聞いたことはないだろうか？この原因も実は，日本語の「思う」と英語の I think はカテゴリーの範囲が違うことに起因する。上の「すみません」の場合と同様に，日本語では，「思う」1 つで表現する，（つまり，カテゴライズする）事態を，英語では，別の表現いくつかで表すということである。日本語の「思う」には，大きく分けて次の A, B, C, D の 4 つの意味があると考えられる。

A. 述べている内容が，自分の<u>意見</u>であることを示す「思う」
B. 述べている内容が，自分の<u>判断</u>であることを示す「思う」
C. <u>表現を丁寧</u>にするために使う「思う」
D. あることや人が<u>心から離れない</u>ことを示す「思う」

この 4 つの「思う」をそのまま I think で表現すると，I think の使い過ぎになってしまう。英語の I think は日本語の A の意味を表すのが通例で，B, C, D の場合は，他の表現が使われる。（なお，本章では，B, C について扱い，D については扱わない。）特に，日本語では，表現をソフトにする意味で「思う／思います」を使うことが多いので，その「思う」を英語で表現するときは，注意が必要である。では，表現を柔らかくする「思う」が，英語ではどのように表現されるかをいくつかみてみよう。

15　Imai（2022, p. 73, Table 3）に基づく

(11) a. 新製品について詳細をお話したいと思います。

b. I'd like to share with you the details of our new product.

(11a) の「思う」は表現を柔らかくするために用いられているので，英語では，I'd like to... で表現すれば十分である。なお，ここで使われている would が，英語では表現を柔らかくする働きをしている。過去形の基本イメージ[16]は「距離感」であり，ここでは相手との心理的距離を取ることで，丁寧表現を作っている。なお，「したいと思います」ではなく，直接的に「したい」と言いたいなら，I want を使う。こちらは事実を表す現在形である。「したいと思います」という日本語につられて，I think I want to... と言ってしまう学習者もいる[17]が，英語の I think は次に続く内容が自分の意見であることを表す表現なので，自分が何かを望むことは意見ではないので，I think は不要である。

2 つ目の例 (12) を見てみよう。

(12) a. 「駅まで歩いてどのくらいかかりますか？」「15 分くらいだと思います」

b. "Do you happen to know how long it takes from here to the station?" "It **takes** about 15 minutes."

c. "Do you happen to know how long it takes from here to the station?" "It **would take** about 15 minutes."

(12a) の日本語の「思う」は，次の 2 つの意味解釈の可能性がある。

①駅まで 15 分かかることを事実として知っている場合に表現を柔らかくするために使われている可能性。

16 今井 (2019, p. 97)

17 Matsui (2021, pp. 25–26) によれば，「したいと思う」は多くの高校生が，I want を使用できていた。その理由は，教科書で「したいと思う」という訳語が I want に対して与えられているからとのことである。

②知らないので推測に基づいて答えているので「思う」と言っている可能性

しかし，英語では，この 2 つの場合は，違った表現が使われる。15 分かかるということを事実として知っていて，それを伝えているなら (12b) のように現在形 (takes) 使う。一方，推測に基づくことであれば (12c) のように助動詞表現 (would take) を用いる。英語は，自分が述べていることが事実なのか，自分の推測なのかを言語表現で区別して表す特徴があり，事実なら現在形や過去形を使い，推測は，助動詞を使う。なお，助動詞は，どの程度確信があるかによって選択される。

3 つ目の例を見てみよう。こちらは, NHK ゴガクル [18] からの例文であるが (13a) の日本語に対して，(13b) の英語が付けられている。

(13) a.　これがとてもおもしろいということがわかると思いますよ。
　　 b.　You’re going to find this very interesting.

日本語では,「これがとてもおもしろいということがわかる」だとちょっと不安定に感じられるので，自然な日常会話の日本語では,「わかるよ」とか「わかると思います」が添えられる。しかし，この「思います」は表現を丁寧にする「思います」であるから，英語では (13b) のように，単に，現在形 (are) で表現される。

筆者がゴガクルの日本語が英語ではどのように表現されているかを調べたことから纏めると，日本語の「思う」は英語では，表 3 のようにさまざまな表現で表されることになる。

18　NHK ゴガクル (2020 年 8 月 20 日) の URL は次の通り。
https://gogakuru.com/english/phrase/keyword/%E3%81%A7%E3%81%8D%E3%81%9F.html?condMovie=0

表 3　日本語の「思います」に対応する英語表現[19]

思います				
I think *I believe* *I am sure* *I am certain* *I am afraid*	*I want* *I would like to*	*be going to*	**助動詞表現** *will, can, may* *would, might,* *could, should*	*find* *expect* *be pleased*

4.2.2 「思う」をどう教えるか？

このセクションでは，日本語の「思う」を英語で表現する方法をどのように授業で教えればよいかを考えてみたい。表 3 で示したように，日本語の「思う」は英語では，I think だけでなく，助動詞表現や，単に事実を述べた形などの表現と対応する。なお，「思う」を英語でどのように表現するかを指導するにあたっても，具体事例で考えていくことが大切で，一度にすべての表現方法を扱う必要はない。ここでは，高校までの英語教育を終えたが，「思う」= I think という一対一の表現をしている大学生への指導法を考えてみたい。

第 1 段階は，日本語の「思う」の使い方には，4.2.1 であげたように 3 種類があることを宣言的知識（declarative knowledge）として認識させることである。日本人英語学習者は，日本語が母語であるので，手続き的知識（procedural knowledge）としては，「思う」を使っている。つまり，説明はできないかもしれないが，「思う」が正しく使えているのである。しかし，外国語である英語を学ぶときに，日本語を完全に排除して，英語だけのインプットで英語表現の使い方をカテゴリー化できればいいのだが，残念ながらそれは英語が日常生活で使われていない日本の英語教育では，あまり期待できない。それならいっそ，日本語の「思う」の使い方を明示的に確認した上で，日英語のカテゴリー化の仕方の違いを教えることが有効ではないかと考える。まずは，教育的妥当性[20]の観点からは，次のようなざっくりとした理

19　Imai（2022, p. 72, Table 2）に基づく

20　教育的妥当性とは，柳瀬（2012, pp. 54–55）の用語で，学習英文法は，その説明が精緻すぎてわかりにくくてはだめで，いくらわかりやすくても間違いばかりしてしまう説明でも適切でなく，説明の正確さとわかりやすさが適当なところで折り合いをつけることが必要という概念である。

解でよい。

日本語の「思う」には，3 つの使い方が代表的である。
① 述べた内容が，自分の意見であることを示す。
② 述べた内容に対する確信度を下げる。
③ 事実を述べているが，表現をやわらかくするために使う。

なお，「あることや人が心から離れないことを示す」用法の「思う」については，ここでは扱わない。

第 2 段階は，第 1 段階を受けて，①の場合は，英語では図 4 の I think 系表現を使い，②の場合は，助動詞表現を用い，③は単に現在形・過去形を使い，事実を述べればよいことを指導する。

5.　不自然な日本語の活用

5.1　Would you like to join us? について

このセクションでは，英語を直訳した不自然な日本語について考えてみたい。例文 (14) を見てみよう。

(14) a.　来週の金曜日にパーティーやるけど，参加しませんか？
　b.　来週の金曜日にパーティーやるけど，参加したいですか？
　c.　We’re having a party next Friday. Would you like to join us?

自然な日本語は，(14a) であり，授業ではこの表現が教えられるだろう。しかし，英語はこのようには言っていない。英語を直訳した日本語は (14b) である。日本語はおもてなしを重視する文化であるが，英語は選択を重視する文化であるため，英語では，相手に選択してもらうことを重視しており，日本語としては不自然な (14b) のように表現しているのが (14c) である。(14b) のような不自然な日本語も，英語が事態をどのように表現しているか。それは日本語では不自然であるが，そういう言い方をするということを考える手段として用いるなら，意味があるのではないだろうか？

5.2　文化変形規則[21]

相手を誘うときに日本語では「〜しませんか？」といい，英語は「〜したいですか」と言うことを説明する方法に，松本青也氏が提案した文化変形規則という考え方が参考になる。文化変形規則の考え方を使えば，日本人も英米人も相手に快く感じて欲しいという気持ちは共有しているが，何を快適と感じるかに違いがある。日本人はおもてなしを受けることを快適に思うのに対し，英米人は，選択肢を与えられることを快適に思う。よって，日本語で「〜しませんか？」と表現されることが，英語では「〜したいですか？」となるという説明が可能である。

6.　おわりに

「英語の授業は英語で行うことを基本とするという」ことが，高校の学習指導要領に盛り込まれるようになって，10 年が経過しようとしている。

英語の授業で，英語を使うことは当然のことであるが，日本語を母語として既に習得した人が，日本国内という外国語学習環境で英語を学ぶ場合には，日英語対象の観点も必要ではないかと考える。これは，英語を日本語に訳すことが目的化された，いわゆる文法訳読法の授業を意味しているのではない。授業での使用言語が英語であっても，日本語と英語の根本的な違いに目を向けることで，日本語を深堀りし，英語感覚の獲得に一歩でも近づけるのではないかと考える。このような趣旨で，本章では，認知言語学の考え方を背景に，英語学習に応用が可能な言語学の分野での道具立てを使った日英語の違いを深く理解する方法について紹介してみた。日英語対象という観点を入れることで，深い学びが可能になり，それは，長期記憶につながり[22]，英語習得に貢献できるものと考える。

【外国語教育に関わる人が知っておくべきポイント】

1. 英語は代名詞で談話を作るが，日本語は空白で談話を作る。
2. 英語は「神の視点」の言語で，上空から現実界を眺めるイメージで，

21　松本（2014）

22　Littlemore（2009, p. 148）でも，関連して，ある表現がなぜそのような表現になるのかという動機づけ（意味づけ）を学ぶことは，深い学びと長期記憶につながるという指摘がある。

自分も視野に入るので，自分を言語化するが，日本語は，「虫の視点」の言語で，自分の視野にあるものを言語化する。

3. 文法とは，形と意味の記号関係で，そのサイズと抽象度はさまざまである。
4. 日本語で「思う」と表現されることは，英語ではI think...，助動詞の利用，単に現在形・過去形で表現するなど，より詳細に表現される。
5. 英語を直訳した不自然な日本語も，英語の表現方法を理解する手段であることを明示すれば，役立つことがある。

【執筆者から読者へのメッセージ】

英語教育においては，what to teach（何を教えるか）とhow to teach（どう教えるか）の2つの側面が不可欠であるが，いつの時代も，どちらかに振り子が振りすぎていると感じることがある。本章は，what to teachの面にフォーカスをした論考であるが，近年は，どちらかといえば，how to teachやそれに加えて，how to acquire（どのようなメカニズムで習得するか）の観点が強いように思う。いずれも必要な事項であるが，どこかの分野だけにはまり込んだ蛸壺専門家になると俯瞰視ができなくなり，根本的な間違いを犯してしまうことにもなりかねない。殊に，英語教育の分野では，根本／基本と俯瞰視を重視し，what to teach, how to teach, how to acquireのバランスを取ってみていくことが大切ではないだろうか。

参照文献

Hinds, J.（1986）. *Situation vs. Person Focus*. くろしお出版.

池上嘉彦（2006）.『英語の感覚・日本語の感覚』NHK出版.

今井隆夫（2010）.『イメージで捉える感覚英文法—認知文法を参照した英語学習法—』開拓社.

今井隆夫（2019）.『実例とイメージで学ぶ感覚英文法語法講義』開拓社.

Imai, T.（2022）. Expressions affected by construal differences between Japanese and English: A case study on I think and *omou*, could and *dekita*, be/have and *aru/motteiru*, and expressions rooted in choice culture/*omotenashi* culture. *Academic, Journal of the Nanzan Academic Society, (Literature & Language), 111*, 65–80.

今井隆夫（2022）.「日英語の違いに焦点を当てた英語指導法—代名詞と文化の違い—」『日本認知言語学会論文集』*22*, 433–438.

金谷武洋 (2018).『日本語が世界を平和にするこれだけの理由』飛鳥新書.
金谷武洋 (2019).『日本語と西欧語—主語の由来を探る—』講談社.
河上誓作 (編著) (1996).『認知言語学の基礎』研究社.
Langacker, R. W. (2008). *Cognitive grammar: A basic Introduction*. Oxford University Press.
Littemore. J. (2009). *Applying cognitive linguistics to second language learning and teaching*. Palgrave Macmillan.
Matsui, M. (2021) *Teaching English Writing Drawing on Cognitive Linguistics.* Graduation Thesis of British & American Studies Department of Nanzan University.
松本青也 (2014).『新版 日米文化の特質—価値観の変容をめぐって—』研究社.
NHK エデュケーショナル (2020.8.20).「みんなで学ぶ NHK 留学フレーズ ゴガクル "できた" のフレーズ・例文」https://gogakuru.com/english/phrase/keyword/%E3%81%A7%E3%81%8D%E3%81%9F.html?condMovie=0
Radden, G & Dirven, R. (2007). *Cognitive English grammar.* John Benjamins Publishing Company.
Widdowson, H. G. (1978). *Teaching English as communication.* Oxford University Press.
柳瀬陽介 (2012).「コミュニケーション能力と学習英文法」大津由紀夫 (編著)『学習英文法を見直したい』(pp. 52–65). 研究社.

8

学習者の情意と英語の指導法

—理論から指導へ—

大山　廉

1. はじめに

私たちが目覚めている限り，情意や感情は常に働き，知覚，注意，記憶など日常生活や学習に必要な認知機能に影響を与えている[1]。第二言語習得（Second Language Acquisition: SLA）や外国語教育の分野でも，外国語不安（foreign language anxiety）は習得や学習に負の影響を及ぼす要因の一つとされ，主に不安を軽減することの重要性が指摘されてきた[2]。2010年代になるとポジティブ心理学がSLAに導入され，学習者のポジティブな情意に注目が集まった[3]。ポジティブ心理学によれば，ポジティブな情意は人間の思考や行動のレパートリーを増やし，幸福感（ウェルビーイング）や様々な分野におけるパフォーマンスを高める働きがある[4]。こういった視点を外国語教育の現場にも取り入れるべきだというのが，ポジティブ心理学の観点からSLAや外国語教育を見る研究者たちの主張である[5]。

教室で英語を外国語として学習する日本のような環境において，教師は，学習者ができる限り楽しさや充実感などのポジティブな情意を経験しながら学習できるように，授業を設計するべきであると筆者は考える。教師の指導によっていかに学習者のポジティブな情意を高めるかについて考えることは，指導による学習効果だけではなく，学習者のウェルビーイングを高めう

1　Schumann（1997）
2　情意フィルター（affective filter）（Krashen, 1981）に関する議論を参照のこと。
3　MacIntyre & Mercer（2014）
4　Frederickson（2001）
5　MacIntyre, Gregersen, & Mercer（2016）

るという点で意義があるからだ。

本章では，初めに学習者のネガティブな情意としての外国語不安とポジティブな情意としての楽しさ（foreign language enjoyment: FLE）が，外国語学習に与える影響に関する先行研究を概観する。次に，学習者の情意と指導をつなぐ理論的枠組みについて説明する。最後に，ポジティブな情意を高める指導が英語学習に与える効果の検証を試みた研究事例を示す。

2.　外国語学習における不安とポジティブな情意

2.1　外国語不安

外国語不安とは，外国語の学習過程や授業，コミュニケーションの場面などにおいて，学習者が感じる恐怖や焦り，緊張感，自信低下などが複合的に引き起こす心の状態である。外国語学習に対するネガティブな影響を調査する研究が多く行われており，それらの教育的示唆として，授業において不安を低減するための工夫を施すことの重要性が指摘される場合が多い。以下で外国語不安が学習に与える影響について調査した 3 つの研究を見ていく。

2.1.1　不安が語彙学習に与える影響

MacIntyre & Gardner（1994）は，カナダの大学でフランス語を受講している 1 年生 72 名を対象とし，不安が語彙学習に与える影響を調査した。調査では，コンピュータの画面上にフランス語の名詞を一語ずつ提示し学習を促した。(1) で示す 3 段階の学習過程のいずれかにおいて，学習者の様子を撮影するビデオカメラを設置し，実験参加者の不安を高めた。

(1) a.　インプット：フランス語名詞がランダムに提示された後に，その名詞を見たことがあるかどうかを判断する課題に取り組む。
b.　インプット処理：ランダムに提示されるフランス語名詞とその英語による翻訳を見た後に，名詞と翻訳の組み合わせの正誤を判断する。
c.　アウトプット：ランダムに提示されるフランス語名詞の翻訳に対応する名詞をキーボードで入力する課題に取り組む。

実験参加者は (2) のように 4 群に分けられ，インプット，インプット処理，アウトプットのそれぞれにおいて行った課題の得点とその後の語彙想起課題 (画面上に提示された翻訳に応じて目標語彙を発話する課題) における得点を分析することで，不安が学習に与える影響を検証した。

(2) a. インプット群：インプット課題に取り組む際にビデオカメラが設置される。
b. インプット処理群：インプット処理課題に取り組む際にビデオカメラが設置される。
c. アウトプット群：アウトプット課題に取り組む際にビデオカメラが設置される。
d. 統制群：ビデオカメラの設置はない。

実験の結果，ビデオカメラが設置された時点における実験群の参加者の不安が，統制群と比較してより高いことがわかった。つまり，ビデオカメラの設置が参加者の不安を高めたということである。さらに，実験群の参加者の不安が高まった時点における課題の得点は，統制群と比較して低く，不安を高めた 3 つの実験群の語彙想起課題における得点も，統制群より低いことが確認された。したがって，学習者が語彙を学習する際に感じる不安は，学習過程と成果に負の影響を与えることが示唆される。

この研究では，不安を感じることによって注意が散漫となり知覚的な情報の処理・記憶 (インプット) やメッセージ・意味の理解 (インプット処理) を阻害し，さらに必要な語彙情報を記憶から上手く取り出せない，文法規則を誤って使用すること (アウトプット) などにつながると説明している。

2.1.2　不安が冠詞の学習に与える影響

Sheen (2008) は，アメリカのコミュニティ・カレッジで第二言語としての英語を学ぶ学生 45 名 (習熟度は中級程度) を対象に，不安が教師によるリキャストの学習効果へ与える影響を調査した。目標言語項目は冠詞 a/the であった。リキャストとは (3) のように，学習者の発話の中に含まれる誤りを教師などが口頭で訂正して投げ返すフィードバックの一種である。

(3)　リキャストの例
学習者：He bought book.
教師： He bought a book.　←リキャスト

実験参加者は，英語スピーキングに関する不安アンケートの結果にもとづき，高不安リキャスト群（実験群），低不安リキャスト群（実験群），高不安統制群，低不安統制群の 4 グループに分けられた。実験群は，2 週間にわたり 30 分間の物語完成課題に週 1 回，計 2 回取り組んだ。物語完成課題では，3〜4 人のグループ毎に読解した物語を記憶をもとに筆記で再生し，その成果を一人ずつ順番に 1 〜 2 文で口頭発表するよう求めた。教師は，実験群の学習者の発話に含まれる冠詞の誤りに対してリキャストを与え，発表した参加者以外もそのやりとりを聞いていた。統制群の学習者はリキャストを含む指導は受けず，テストのみ受けた。この指導の効果を測定するため，時間制限付きディクテーションと 4 コマ漫画の物語描写（筆記），誤り文訂正の 3 種類のテストを，指導の前と指導の直後，指導の 4 週間後の 3 回実施した。

その結果，指導直後と 4 週間後のディクテーション・テストにおいて，低不安リキャスト群は高不安リキャスト群と低不安統制群と比較して得点が高かった。また，指導直後の物語描写テストにおいて，低不安リキャスト群は高不安リキャスト群と低不安統制群と比べて得点が高く，指導から 4 週間後のテストにおいても，低不安リキャスト群は高不安リキャスト群よりも得点が高かった。誤り文訂正の事後テスト（直後と 4 週間後）においては，低不安群と高不安群との間に得点の違いは見られなかった。

さらにこの研究では，実験群の参加者が自らの冠詞の使用における誤りに対して受け取ったリキャストにどのように反応したのか，つまり，リキャストを受けて自らの発話をその場で言い直したのか（修正），または，言い直さなかったのか（修正なし）を分析した。学習者がリキャストを受けて修正した場合，それは自らの発話に含まれる誤りに気づいた上で言い直したということを表すため，その修正の回数を数えることで学習の機会が生まれた回数を明らかにすることができる。この分析の結果，低不安リキャスト群の方が高不安リキャスト群よりも，自らの発話に含まれる誤りに気づき，より多くの修正を行ったことがわかった。

以上の結果から，英語スピーキングに対する不安が低い学習者の方が不安が高い学習者よりも，リキャストを含む指導を受けることで，冠詞の使用における正確性が高まりやすいことがわかった。加えて，不安が低い方が自らの発話の修正を通して学習の機会をより多く得られるということも示された。この結果について Sheen は，不安が高い学習者は教師によるリキャストに含まれるインプットを処理し，その意図を理解することに注意を向けることができない場合があるため，リキャストとその後の修正を通して与えられる学習の機会を生かすことができない可能性を指摘している。

2.1.3　不安が動詞過去形の学習に与える影響

Kim & Tracy-Ventura (2011) は，不安が英語動詞の単純過去形の学習に影響を与えるかについて調査した。韓国人大学生 128 名（英語習熟度は初級から中級の上位レベル）を対象に，ペアで行うタスクを通して過去の事柄を繰り返し口頭で表現することによって，単純過去形の学習を促す指導を行った。実験参加者は，ペアと情報交換をしながら話し合い，あるトピックに関して何らかの決定を下す活動を行った。参加者はタスクを行った後に，英語スピーキングに関する不安を測定するアンケートに答え，その結果にもとづき高不安群と低不安群に分けられ，分析に用いられた。

英語の動詞は，(4) のように分類することができ，時制や相を表す際の難易度は動詞の種類によって異なるとするアスペクト仮説によると，その難易度は，状態 (state)，活動 (activity)，達成 (achievement)，遂行 (accomplishment) の順で容易になると予測される[6]。

(4) a.　状態を表す動詞（例：believe, love）：
　　　終点がなく，ダイナミックな動作を伴わない。
　b.　活動を表す動詞（例：swim, play）：
　　　終点がなく，ダイナミックな動作を伴う。
　c.　達成を表す動詞（例：start, stop）：
　　　終点があり，時間的な長さがない。

6　アスペクト仮説については Anderson & Shirai (1994) を参照のこと。

d.　遂行を表す動詞（例：build a house, write a story）：
終点があり，時間的な長さがある。

このことから，この研究ではより難易度の高い 2 種類の動詞（状態と活動）に注目し，テストの中で実験参加者がそれらの動詞を単純過去形として使用した頻度を，学習の指標，つまりテストの得点として採用した。テストは指導の前と 1 週間後，2 週間後の 3 回実施された。

その結果，指導後の 2 回のテストでは，低不安群と高不安群ともに，指導前より単純過去形の使用頻度が高まった。また，1 週間後と 2 週間後のテスト両方において，低不安群は高不安群よりも単純過去形の使用頻度が高かった。このことから，単純過去形を用いて他者と口頭でやり取りするタスクに取り組む場合，英語スピーキングに関する不安が低い学習者の方が単純過去形をより多く使用するので，発達が促されやすいことが示唆される。

この研究では，英語を外国語として学習・使用する環境においては，様々ある技能の中でも特にスピーキングに関する不安が高まる傾向にあることから，教師の指導においては不安を高めないように配慮し，心地よい学習環境を提供するための工夫をするべきであると結論付けている。

2.2　ポジティブな情意

ポジティブな情意には，幸福感（happiness/well-beingness）や興味，自己効力感など様々な情意が含まれるが，近年の SLA において盛んに研究されている情意の中に，楽しさ（FLE）がある。楽しさは，個人的楽しさ（FLE-private）と社会的楽しさ（FLE-social）によって構成されている[7]。個人的楽しさを測定するためのアンケート項目には，「楽しかった」「おもしろいことを学んだ」「外国語を知っていることはかっこいい」「自分が達成したことを誇りに思う」などがあり，外国語学習に伴う内発的でポジティブな感情を指していることがわかる。社会的楽しさは，「良い仲間たちがいる」「先生はよくサポートしてくれる」「いい雰囲気だ」などのアンケート項目によって測定されることから，仲間や教師，学習環境に対するポジティブな感情を指す。

7　Dewaele & MacIntyre（2016）

つまり，SLA において研究対象とされている楽しさは，学習経験に対する楽しいという文字通りの感情だけではなく，仲間や教師，学習環境などに恵まれているという感覚，もしくは学習者自身が置かれている学習環境に対するポジティブな評価などから喚起される心の状態を表しているといえる。

これまでの研究では，外国語の学習・使用過程において，楽しさは，不安や学習到達度，習熟度など様々な要因と関連していると考えられている[8]。また，様々な環境的要因の影響を受けながら，時間の経過とともに変化する動的な概念であるという見方もある[9]。ここでは，楽しさと第二言語の習熟度や発達との関係を調査した 2 つの研究を見ていく。

2.2.1　楽しさと習熟度の関係

Dewaele & Alfawzan (2018) は，楽しさと不安の情意的要因と，英語の語彙テストやその他の外国語の習熟度との間に相関関係があるのか調査を行った。この研究は 2 つの調査に分かれている。調査 1 では，イギリスの中等教育学校の 189 名 (12〜18 歳：ほとんどが英語母語話者) を対象に，フランス語やスペイン語，ドイツ語を含む任意の外国語を学校で学習する際に感じる楽しさと不安，外国語テストの得点に関するデータをオンラインでのアンケートで収集した。分析の結果，楽しさと外国語テストの成績の間には正の相関関係が，不安と外国語テストの成績の間には負の相関関係が検出された。言い換えると，外国語学習の際に感じる楽しさが強ければ強いほど，または不安が低ければ低いほど，外国語テストでの成績が高くなる傾向 (またはその逆) があることを意味している。さらに，効果量を比較すると，不安よりもわずかに楽しさの方が外国語テストとの相関が強いことがわかった。

調査 2 では，サウジアラビアの英語学習者 152 名 (18〜40 歳：母語はアラビア語) を対象に，楽しさと不安のアンケート (調査 1 と同じ) と英語の語彙テストを用いてデータを収集した。語彙テストでは，実在する語彙と実在しない語彙が一語ずつ提示され，参加者はそれらが実在するかどうかを判断する課題に取り組んだ。結果として，楽しさと語彙テストの成績の間には調

8　Dewaele & Alfawzan (2018)，Saito, Dewaele, Abe, & In’nami (2018)
9　Oyama (2022)

査1と同様に正の相関関係が見られたが，不安と語彙テストの成績の間には統計的に有意な相関関係が検出されなかった。さらに調査2では，自由記述アンケートを用いて，参加者から楽しさと不安の原因となる出来事に関する体験談を集めた。分析の結果，楽しさに影響を与える要因として，教師の性格やプレゼンテーションにおける成功体験などが挙げられた。不安を高める要因として，教師による教育実践（知識不足が目立つ，減点法による成績付け，学習者の努力を軽んじるような指導・態度など）や身体的虐待などが報告された[10]。そのような教師の言動によって，英語は好きだけど不安を感じるようになってしまったという回答もあった。また中には，英語科目の履修を諦めようとしていた時に教師から得た支援によって，辛い状況を乗り越えることができたというポジティブな体験談もあった。

これらのことから得られる示唆は，良くも悪しくも，教師による指導や言動が学習者の情意的側面（楽しさや不安）に影響を与える可能性があり，それが彼らの習熟度やテストの成績と関係しているということである。この研究が用いたのは相関分析なので，一方が他方に影響を与えるという因果関係については明らかになっていないが，教師の指導と学習者の情意，習熟度の間の関係については，日頃の教育実践の振り返りや教員養成などの場面においても，注意を向けるべき重要な視点であろう。

2.2.2　楽しさと発話能力の発達の関係

Saito 他（2018）は，日本人高校生を対象に，感情（楽しさと不安），学習動機，英語学習・使用経験などの個人差要因と発話能力の発達の間の関係を検証した。研究参加者は日本人高校1年生108名（15〜16歳）で，英語習熟度は英検準2級から2級レベルであった。参加者の英語による発話データを集めるために，参加者は一人ずつ現在形や過去形，比較表現などを用いながら物語や説明，推論などに取り組むテストを受け，その際の発話音声を録音した。5名の英語ネイティブスピーカーがそれぞれの参加者の発話音声を聞き，9段階の直感的な理解可能性（comprehensibility）の観点で評価した。

個人差に関するアンケート調査とスピーキングテストは，3ヶ月間の間隔

10　身体的虐待は，データ収集以前からサウジアラビアでは公式に禁止されていた。

の前後に 1 回ずつ，合計 2 回実施された。1 回目のテストの得点を研究開始時点での到達度の指標として，1 回目と 2 回目の得点の差を発話能力の発達の指標として分析に用いた。また，楽しさは個人的楽しさ（FLE-private）と社会的楽しさ（FLE-social）に分けて統計的分析を行った。

楽しさと不安に関する結果に注目すると，主な結果が 3 点ある。まず 1 つ目に，個人的楽しさは英語使用（授業内・外）と正の相関関係にあるが，不安と英語使用の間には相関がなかった。次に，発話能力の到達度は個人的楽しさと正の相関関係にあり，不安とは負の相関関係にあった。ただし，不安の方が到達度に対する説明力が大きかった[11]。最後に，発話能力の発達は個人的楽しさと正の相関関係にあり，不安とは負の相関関係にあった。ただし，個人的楽しさの方が発達に対する説明力が大きかった。

これらの結果から，個人的楽しさを経験している学習者の方がそうでない学習者よりも，授業内外でより多く英語を使用する傾向にあり，そのことが発話能力に関する到達度の向上や発達につながる可能性が示唆される。この楽しさの効果が長期的に蓄積されていくことによって，不安が和らぎ，さらに高いレベルに到達することができると予想される。Saito 他は教育的示唆として，教師は教室での指導において，学習者の不安を過剰に心配することなく，親しみやすい雰囲気作りや学習者の自律性を活かす要素を取り入れること，サプライズの要素を取り入れることなどによって，楽しさを高めることの重要性を指摘している。

2.3　先行研究のまとめ

ここで紹介した先行研究から，不安は言語処理に負の影響を与えたり，指導から得られる学習効果を低減させたり，指導の中で目標言語項目の使用頻度を低下させ学習や発達を阻害したりする可能性があることがわかる。楽しさに関しては，習熟度やテストの成績との正の相関関係を報告する研究や，英語使用頻度と発話能力の発達との正の相関関係を報告する研究がある。

筆者が知る限り，教室における指導を受けながら英語を学習する環境で，学習者の楽しさなどのポジティブな情意が学習に与える影響を調査している

11　重回帰分析（multiple regression analysis）の結果による。

事例は少ない。教室環境でのポジティブな情意の影響を，実験群と対照群を設けて研究する手法として，何らかの方法によって意図的に実験群の参加者の情意を高める方法や，学習者が感じている情意の強さによって実験参加者を実験群と対照群に分類する方法などが考えられる。

3.　理論と指導への応用

教室における英語授業の中で，学習者は理解から産出まで様々なスキルを駆使して英語を学んでいる。そのような教室環境では，学習者の情意はどのような仕組みで外国語学習に影響を与えるのだろうか。

まず，情意は学習過程や行動に影響を与えると考えることができる。例えば，英語授業に対する「楽しい」「興味がある」「価値がある」などのポジティブな情意が高まることによって，学習動機が高まり，学習ストラテジーのレパートリーが増え，授業内外での英語使用・学習の量や質が向上し，それらが長期的に蓄積して，結果的に習熟度が高まることが考えられる[12]。この場合，情意が習熟度に与える影響は学習行動に媒介されていることから，情意は間接的に習熟度の向上に影響を及ぼしていることになる。

また，情意が言語処理や記憶，注意などの認知過程に影響を与えると考えることもできる。情意を喚起する情報の方が処理されやすく，記憶に残りやすいという研究結果も報告されている[13]。教室で指導を受けながら外国語を学ぶ学習者の情意が，認知過程に与える影響を説明する理論的枠組みの一つに，モジュール処理と記憶ネットワークによる言語発達・使用の説明のための枠組み（Modular On-line Growth and Use of Language: MOGUL）がある[14]。MOGUL は言語処理とネットワーク上で結びつく知覚や概念，情意などのモジュールでの処理を活性化・強化するという観点から，言語発達を促進するためのメカニズムを説明している。

ここからは，情意が学習者の認知過程に及ぼす影響に焦点を当てて，MOGUL という理論的枠組みの英語指導への応用可能性を探っていく。

12　動機づけが言語学習に貢献することについては鈴木・白畑（2012）を参照のこと。

13　情動関与処理仮説（金澤, 2020）や情動的精緻化（豊田, 2016）などがある。

14　Sharwood Smith（2017）, Sharwood Smith & Truscott（2014）, Truscott（2015）

3.1　MOGUL

初めに，MOGUL の枠組みを理解する上で重要な点を見ていく。まずこの枠組みでは，人間の認知機能は図 1 のような複数の異なるモジュールが協働することによって実現すると考える。図 1 内の 5 つの四角が各モジュールを表し，矢印は各モジュールが互いに関連しており，情報のやり取りができることを表している。

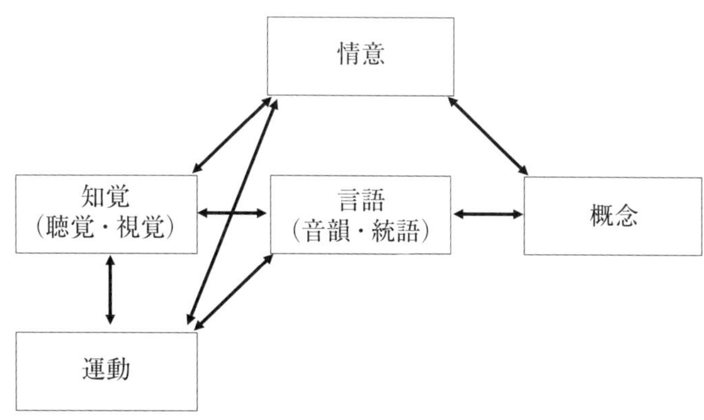

図 1　MOGUL におけるモジュール相関図（略図）

言語処理に関わるモジュールには，主に知覚（聴覚・視覚），言語（音韻・統語），概念，情意モジュールに加えて，言語産出に関わる運動モジュールの 5 種類がある。知覚モジュールには音や光の波を知覚し，隣接するモジュールへ情報を送信する働きがある。次に言語モジュールは音韻と統語の 2 つのモジュールに分かれている。ここでは，受け取った知覚情報を言語として認識し，音韻処理と統語処理を行う。概念モジュールでは，統語的に処理された情報に意味を与える。語用論や世界に関する一般的な事柄に関する処理も概念モジュールで行われる。運動モジュールは言語産出の際に，意図したメッセージを音韻的に処理したものを，声帯や口の中の筋肉を制御することで調音する際に機能する。図 1 からもわかるように，情意モジュールは知覚と概念，運動モジュールと直接的な繋がりを持つ。それぞれのモジュールは双方向性を持つため，言語を理解する際は知覚→言語→概念の方向で，言語を産出する際は概念→言語→運動の方向で処理が進行する。

この枠組みのもう一つの大事な特徴に，記憶のネットワークにおける活性化拡散[15]があり，各モジュール内の知識や記憶はネットワーク状に保存されている。あるモジュール内で特定の記憶が何らかの刺激を受けて活性化すれば，それとネットワーク上で関連する他の記憶にその活性化が拡散し，さらにその先へ伝播する。例えば，何らかの音波を聴覚により知覚して，それが音韻モジュールに保存されている /dɔːg/ という音韻情報を活性化した場合，さらにそれが統語モジュールにおける［名詞］などの情報を活性化し，最終的に概念モジュールにおいて「犬」という概念を活性化する。MOGUL ではこのようなモジュールによる言語処理を想定している。

さらに MOGUL では，言語発達は言語処理の副産物であると捉える[16]。この枠組みにおいて言語発達とは，言語処理に関わるモジュール内の知識や記憶に起こる，主に 2 つのタイプの変化を指す。1 つ目の変化は，言語理解や産出の処理過程の中で，知識や記憶が使用されることで刺激を受け，活性化の度合いが上昇することである。これによって，再度その記憶が活性化される機会に，より素早く容易にアクセスできるようになることで処理の効率が向上する。また活性化の度合いが高まることで，関連する他の知識や記憶との繋がりが強まり，記憶への定着が促進される効果もある。2 つ目の変化は，すでに存在する知識や記憶を用いても処理できない刺激（あるいは，インプット）に対処しようとする際に，既存の知識を組み合わせることで新しい知識を形成することである。他にも，異なる知識が同時に活性化することで，その 2 つの間に，連合学習によって新たな繋がりが形成される場合もある。

特に 1 つ目の変化（知識の活性化度合いの上昇）に影響を与える要因の一つに情意がある。情意は人間が目を覚ましている限り常に強く活性化しているため，それと関連する知識や記憶も活性化拡散のメカニズムを通して強く活性化する。それによって，情意と繋がりを持つ知識や記憶は処理に使用されやすく，かつ記憶に定着しやすいと考えられている[17]。

ここまで概観した MOGUL の観点から見ると，学習者が言語を使用する

15　Sharwood Smith（2017）

16　この考えを Acquisition by processing と呼ぶ。詳しくは Sharwood Smith（2017）と Truscott（2015）を参照のこと。

17　Truscott（2015）

その瞬間にも，以上のような処理や発達（変化）が起きていると考えられる。

3.2　MOGUL と教室における指導

MOGUL はインプット強化の効果を説明するために構築された。インプット強化とは，教師が言語インプットを何らかの方法で操作することで，インプットに含まれる言語的特徴に対する学習者の気づきを促すための指導技術である[18]。

教室における多様な指導方法の中には，MOGUL にもとづいたインプット強化の観点から説明できるものがある。例えば，教師が目標文法項目を口頭で繰り返し使用しながら単元の学習内容の導入を行った場合，学習者の注意が高頻度で使用される言語形式に向きやすくなると考えられるため，知覚（聴覚）モジュールでの処理を強化することで，間接的に言語処理を活性化することを狙った知覚的インプット強化と捉えることができる。意味のかたまりごとにスラッシュをいれながらテキスト読解を行った場合は，テキストの意味内容を意識することで，概念モジュールでの処理が強化されるため，間接的に言語処理を活性化することを狙った概念的インプット強化と捉えられる。また，興味のあるトピックに関して楽しみながらテキスト読解を行った場合，「楽しい」や「興味」という情意とテキスト内の内容語や文法項目の視覚的な情報や意味が結び付き，知覚や概念モジュールの処理を活性化すると考えられることから，情意的インプット強化とみなすことができる。さらに，英語のリズムやイントネーションを意識しながら教科書本文の音読やシャドーイングを行った場合は，知覚や運動モジュールでの処理を活性化することにつながる。この活動は言語産出の側面を持つため，言語理解活動を前提とした純粋なインプット強化とは呼べないかもしれないが，特定のモジュール（知覚と運動）での処理を強化しているという点で効果的な学習・指導方法であると予想できる。

このように MOGUL は，言語処理に関連するモジュールの処理を活性化・強化するという観点から，教室における様々な指導実践の根拠を提供するこ

18　もともとは「言語形式への気づきが習得の必要条件である」とする気づき仮説（noticing hypothesis）（Schmidt, 1990）を主な理論的根拠としている。

とができる理論的枠組みであるといえる。

3.3　ポジティブな情意に関する指導効果研究の事例

次に，MOGULを理論的背景として，英語テキストの題材（トピック）に対するポジティブな情意を活性化させ，テキスト内容の理解と語彙，文法の学習を促進することを狙った指導の効果を検証した研究を見ていく。

Oyama（2020a）は，テキスト読解前の指導によって，テキストのトピックに対するポジティブな情意が高まった状態で読解するのか（情意的インプット強化），テキストに含まれる語彙や文法の意味に関する情報が活性化した状態で読解するのか（概念的インプット強化），テキストに含まれる語彙や文法の形式的な面に対して注意が向いている状態で読解するのか（知覚的インプット強化）によって，一連の指導（読解前の各インプット強化＋テキスト読解活動）による学習効果に違いが現れるのか検証を行った[19]。

必修英語科目を受講する日本人大学1年生の3クラスから86名（習熟度はCEFRのA2～B1レベル）が研究に参加した。3クラスの内，1クラスを実験群（28名），残りの2クラスをそれぞれ対照群1（29名），対照群2（29名）とした。目標言語項目は，指導で使用する読解用テキストに含まれている語彙と文法であった。語彙は名詞4語（discomfort, likelihoodなど），動詞4語（represent, varyなど），形容詞3語（diverse, individualなど），副詞3語（implicitly, literallyなど）の合計14語であった。文法は前置詞の目的語位置の関係代名詞（... the high-context group, in which people express their messages implicitly）と仮定法過去（If you were an American, you might ask “What do you mean by ‘read the air’?”）の2種類であった。

3クラスは目標言語項目を含むテキストの読解活動を行う前に，それぞれ異なる指導を受けた。以下に大まかな指導内容を示す。

19　概念的インプット強化と知覚的インプット強化については，その効果に関する研究が蓄積されている（知覚的インプット強化の効果についてはLee & Huang（2008），明示的指導の効果についてはSpada & Tomita（2010）を参照のこと）。しかし，情意的インプット強化の効果についてはまだ十分に調査されていない（Oyama, 2020b）。

(5) a.　情意的インプット強化（実験群）：
教師がテキストに含まれる目標言語項目を使用しながら，テキストのトピック（異文化間コミュニケーション）について，大学生が自分事として捉え，その意義や有用性に気付いてもらえるように，最近のデータや動画，身近な例などを用いながら英語でオーラル・イントロダクション[20]を行った。

b.　知覚的インプット強化（対照群1）：
語彙や文法を学習する際の学習ストラテジーについて簡潔に導入した上で，一つの実践例としてテキストに含まれる目標語彙項目に下線を引き，目標文法項目にマーカーで色を付ける活動を行った。

c.　概念的インプット強化（対照群2）：
目標語彙項目を選択肢として与えた上で，それらの意味を推測しながら例文の空欄に当てはめる活動と，目標文法項目を含む例文の誤りを訂正する活動を行った。

インプット強化後のテキスト読解活動は，参加者が複数の活動を通してテキストを繰り返し読みながら，目標言語項目に触れると同時に，テキストの表面的な理解から深い理解へと進むことができるようにデザインされた[21]。テキスト読解中に参加者は，目標語彙項目を含む単語リスト（日本語による翻訳が記載されている）を参照することができた。インプット強化とテキスト読解活動を含む50分間の指導が1回行われた。

以上の一連の指導（インプット強化＋読解活動）が，テキスト内容の理解と語彙，文法の学習を促進する上で効果的か，またインプット強化の種類によって効果に違いはあるのかを検証するために，テキストのトピック（異文化間コミュニケーション）に対する参加者の情意を測定するためのアンケート[22]とテキスト理解度確認課題（多肢選択式問題と自由記述式問題をテキス

20　第二言語習得理論から見たオーラル・イントロダクションの意義については村野井（2006）を参照のこと。

21　テキスト読解活動の手順に関しては，田中・島田・紺渡（2011）を参照のこと。

22　目新しさ，心地よさ，重要性，解決可能性，自己・社会イメージの5つの観点で，外界からの刺激に対して価値の有無を判断し，その価値に応じて感情が生起するというモデ

ト読解活動中に実施)，語彙テスト（形式と意味について選択式問題)，筆記文法テスト（前置詞＋関係代名詞を使用して文を産出する問題と仮定法過去の動詞部分を穴埋めする問題）を実施した。

分析の結果，まず前提として，情意的インプット強化を受けた実験群は対照群 1・2 よりも，情意アンケートの得点が統計的有意に高かった[23]。言い換えると，情意的インプット強化によって，テキストのトピックに対する学習者のポジティブな情意を活性化することができたと解釈できる。次にテキスト理解度確認課題において，多肢選択式問題では 3 群の得点の間に有意な差は検出されなかったが，自由記述式問題では情意的インプット強化を受けた実験群は対照群 1・2 よりも，得点が統計的有意に高かった[24]。また，語彙テスト（形式と意味）においては，情意的インプット強化を受けた実験群は指導前のテスト（事前テスト）から指導直後のテスト（事後テスト 1）と指導から 4 週間後のテスト（事後テスト 2）にかけて得点が統計的有意に伸び，なおかつ事後テスト 1・2 において，実験群と対照群 1・2 との間に有意な差は検出されなかった[25]。筆記文法テストに関しては，前置詞の目的語位置の関係代名詞と仮定法過去の両方において，実験群は事前テストから事後テスト 1・2 にかけて得点が統計的有意に伸び，なおかつ事後テスト 1・2 において，実験群と対照群 1・2 との間に有意な差は検出されなかった[26]。

情意的インプット強化を受けた実験群が，テキスト理解度確認課題（自由記述式問題）の得点が対照群よりも高かったこと，また語彙・文法テストの

ルがある (Scherer, 1984, Schumann, 1997)。それをもとに作成されたアンケートにおいて，参加者はテキストのトピックを評価した。

23 H (2, 83) = 5.35, p = .00

24 多肢選択式問題に関して，F (2, 83) = 0.04, p = .96。自由記述式問題に関して，F (2, 83) = 8.63, p = .00。

25 語彙の形式に関して, 3 回のテスト間：F (2, 166) = 117.60, p = .00；3 グループ間：F (2, 83) = 0.18, p = .84；交互作用：F (4, 166) = 2.89, p = .02。語彙の意味に関して，3 回のテスト間：F (2, 166) = 143.50, p = .00；3 グループ間：F (2, 83) = 0.21, p = .81；交互作用：F (4, 166) = 0.59, p = .67。

26 前置詞の目的語位置の関係代名詞に関して，3 回のテスト間：F (2, 166) = 35.80, p = .00；3 グループ間：F (2, 83) = 0.21, p = .81；交互作用：F (4, 166) = 4.98, p = .00。仮定法過去に関して, 3 回のテスト間：F (2, 164) = 44.54, p = .00；3 グループ間：F (2, 82) = 1.28, p = .28；交互作用：F (4, 164) = 4.00, p = .00。

得点が有意に伸びて，さらに 2 回の事後テストにおいて，言語学習への効果が報告されている指導を用いた 2 つの対照群と比べて，得点に有意な差が検出されなかったことから，情意的インプット強化がテキスト内容の理解と言語学習を促進する可能性が示唆される。ただし，統制群の設定が無いことや指導期間・時間が短いことなど，研究方法に関する問題点もある。

4. おわりに

本章では，初めに外国語不安や楽しさという学習者の情意的要因が学習過程や成果に与える影響や，それらの間の関係に関する先行研究を概観した。次に，言語処理と関連する知覚や概念，情意などの処理を活性化・強化するという観点から，教室における指導の効果を説明するための理論的枠組み（MOGUL）について解説した。最後に，読解テキストのトピックに対する学習者のポジティブな情意を高めることで，英語学習を促進することを狙った指導の効果を検証した研究事例を示した。特に，教室における指導を通していかに学習者の情意を活性化し，学習効果を高めるかという点については，未だ十分な調査がなされていないことから，今後の研究が期待される。

【外国語教育に関わる人が知っておくべきポイント】

- 学習者の情意は学習の過程や成果と関係がある。
- 教師の指導や言動が学習者の情意に影響を及ぼす可能性がある。
- 教師の指導によって学習者のポジティブな情意を高めることができる。ポジティブな情意を高めることで，指導や学習の効果を高めることができる可能性がある。

【執筆者から読者へのメッセージ】

これまでの関連研究に目を通しても，自らの指導経験や学校の生徒であった頃の記憶を振り返っても，学習者の情意に与える教師の影響は大きいと感じる。教室における指導によって，その影響の良い側面を促進するために，情意が学習に与える影響やそのメカニズムを理解した上で，指導を計画して実践することは，ポジティブ心理学や MOGUL の観点から見て，学習者のウェルビーイングや学習効果を高めることにつながる可能性があるため意義深いと考える。

参照文献

Anderson, R. W., & Shirai,Y. (1994). Discourse motivations for some cognitive acquisition principles. *Studies in Second Language Acquisition, 16*(2), 133–156. https://doi.org/10.1017/S0272263100012845

Dewaele, J-M., & Alfawzan, M. (2018). Does the effect of enjoyment outweigh that of anxiety in foreign language performance? *Studies in Second Language Learning and Teaching, 8*(1), 21–45. https://www.ceeol.com/search/article-detail?id=624879

Dewaele, J-M., & MacIntyre, P. (2016). Foreign language enjoyment and foreign language classroom anxiety: The right and left feet of the language learner. In P. D. MacIntyre, T. Gregersen, & S. Mercer (Eds.), *Positive psychology in SLA* (pp. 215–236). Multilingual Matters.

Frederickson, B. L. (2001). The role of positive emotion in positive psychology: The broaden-and-build theory of positive emotions. *American Psychologist, 56*(3), 218–226. https://psycnet.apa.org/doi/10.1037/0003-066X.56.3.218

金澤佑（編）(2020).『フォーミュラと外国語学習・教育―定型表現研究入門―』くろしお出版.

Kim, Y., & Tracy-Ventura, N. (2011). Task complexity, language anxiety, and the development of the simple past. In P. Robinson (Ed.), *Second language task complexity: Researching the cognition hypothesis of language learning and performance* (pp. 287–306). John Benjamins.

Krashen, S. (1981). *Second language acquisition and learning.* Prentice Hall.

Lee, S-H., & Huang, H-T. (2008). Visual input enhancement and grammar learning. *Studies in Second Language Acquisition, 30*(3), 307–331. https://doi.org/10.1017/S0272263108080479

MacIntyre, P. D., & Gardner, R. C. (1994). The effects of induced anxiety on three stages of cognitive processing in computerized vocabulary learning. *Studies in Second Language Acquisition, 16*(1), 1–17. https://doi.org/10.1017/S0272263100012560

MacIntyre, P. D., Gregersen, T., & Mercer, S. (2016). *Positive psychology in SLA.* Multilingual Matters.

MacIntyre, P. D., & Mercer, S. (2014). Introducing positive psychology to SLA. *Studies in Second Language Learning and Teaching, 4*(2), 153–172. https://www.ceeol.com/search/article-detail?id=79512

村野井仁 (2006).『第二言語習得研究から見た効果的な英語学習法・指導法』大修館書店.

Oyama, R. (2020a). *The effects of affective processing on second language development.*

[Unpublished doctoral dissertation]. Tohoku Gakuin University.

Oyama, R. (2020b). The effects of affective input enhancement on second language development in Japanese university students. *The Journal of Asia TEFL, 17*(1), 1–17. http://dx.doi.org/10.18823/asiatefl.2020.17.1.1.1

Oyama, R. (2022). Enjoyment, emotional intelligence, and strategy use in Japanese university students: A longitudinal study in a distance-learning course. *Annual Review of English Language Education in Japan, 33*, 16–32.

Saito, K., Dewaele, J-M., Abe, M., & In'nami, Y. (2018). Motivation, emotion, learning experience and second language comprehensibility development in classroom settings: A cross-sectional and longitudinal study. *Language Learning, 68*(3), 709–743. https://doi.org/10.1111/lang.12297

Scherer, K. R. (1984). Emotion as a multi-component process: A model and some cross-cultural data. In P. Shaver (Ed.), *Review of personality and social psychology 5*(pp. 37–63). Sage.

Schmidt, R. (1990). The role of consciousness in language learning. *Applied Linguistics, 11*(2), 129–158. https://doi.org/10.1093/applin/11.2.129

Schumann, J. H. (1997). *The neurobiology of affect in language*. Blackwell.

Sharwood Smith, M. (2017). *Introducing language and cognition: A map of the mind.* Cambridge University Press.

Sharwood Smith, M., & Truscott, J. (2014). Explaining input enhancement: A MOGUL perspective. *International Review of Applied Linguistics in Language Teaching, 52*(3), 253–281. https://doi.org/10.1515/iral-2014-0012

Sheen, Y. (2008). Recasts, language anxiety, modified output, and L2 learning. *Language Learning, 58*(4), 835–874. https://doi.org/10.1111/j.1467-9922.2008.00480.x

Spada, N., & Tomita, Y. (2010). Interactions between type of instruction and type of language feature: A meta-analysis. *Language Learning, 60*(2), 263–308. https://doi.org/10.1111/j.1467-9922.2010.00562.x

鈴木孝明・白畑知彦 (2012).『ことばの習得―母語獲得と第二言語習得―』くろしお出版.

田中武夫・島田勝正・紺渡弘幸 (2011).『推論発問を取り入れた英語リーディング指導―深い読みを促す英語授業―』三省堂.

豊田弘司 (2016).「学習と記憶実験―精緻化を中心にして―」太田信夫・佐久間康之 (編著).『英語教育学と認知心理学のクロスポイント―小学校から大学までの英語学習を考える―』(pp. 23–36). 北大路書房.

Truscott, J. (2015). *Consciousness and second language learning*. Multilingual Matters.

9

英語学習者と日本語学習者による COIL 活動

—日米間協働学習の効果—

澤﨑宏一・森千加香

1. はじめに

近年さまざまな情報通信技術（Information and Communication Technology: ICT）ツールを用いた教育が広がりをみせているが，特に遠隔地や異文化間をつないで交流を行う教育活動はバーチャルエクスチェンジ（Virtual Exchange: VE）などと呼ばれる。そしてVEの中でも，異なる授業同士が連携し，シラバスを共有するなどして計画的に導入したオンライン教育がCOIL（Collaborative Online International Learning）である[1]。

本章では，COILを継続していくことが言語学習にどのような効果を及ぼすかについて論じる。まずCOILの概要と日本における事例を説明したあとで，特に2つの調査を取り上げてその結果を比較する。そして，(i) COILは言語習得に一定の効果をもたらすこと，(ii) COILを初めて経験する参加者よりも，既にCOILを経験している参加者の方が語学力向上の達成感を得やすいこと，(iii) 長期的にCOILを継続すると学習者は活動に対して疲弊感を抱きやすくなる可能性があることを報告する。

1　アメリカ教育協議会（American Council on Education）によるU.S.-Japan Higher Education Engagement StudyのHP（https://www.acenet.edu/Research-Insights/Pages/Internationalization/US-Japan-Higher-Education-Engagement-Study.aspx）等を参照。
なお，COILは比較的新しい授業の考え方であり，日本語での名前が特にないため，最初からCOILとのみ表記する。

2. COILとは

2.1 COILの特徴と期待される効果

COILは，2006年にJon Rubinによってニューヨーク州立大学で行われた活動から始まったとされる[2]。ICTツールを用いて異文化間で教室をつなぎ，学生同士のバーチャルな協働学習を目指す授業形態である。Jon Rubinは，COILについて次のように説明する。

> "COIL" uses the internet to link the classrooms of two or more higher education institutions, each located in a different country or cultural setting. COIL creates equitable team-taught learning environments where faculty from two cultures work together to develop a shared syllabus, emphasizing experiential and collaborative student learning[3]. (「COIL」では，異なる国や異文化環境にある2つまたはそれ以上の大学レベルの教室をつなぐためにインターネットを用いる。学生の体験学習や協働学習に重きをおいて教員同士が協力してシラバスを作ることで，皆が等しくグループ学習できるような環境をCOILは提供する。(筆者訳))

例えば，日米の大学で，ZoomやSNSなどを使って両国の学生が同時に講義を受け，授業内外でグループディスカッションやペアによる意見交換を一定期間積み重ね，最終的に共同発表を行ったり，作品やポートフォリオを作り上げたりするような授業はCOILの好例といえる。COILでは，学生が受動的に授業をただ聴くのではなく，能動的に情報を交換しながら学び合うことが求められる。また，学生同士の協働学習はもちろんのこと，担当教員同士の協働作業のうえに授業連携を行うことも強調されている。

このような協働学習を一定期間続けることで，次のような効果が期待されている。

2　池田（2016）

3　Rubin（2018, p. 2）

(1)　COIL の効果[4]

a. 異文化間能力（Intercultural Competence）を養う。
b. 将来国際的な環境で働くためのキャリア支援となる。
c. 留学への興味を学生に抱かせる。
d. 批判的思考力（Critical Thinking）を養う。

つまり，COIL は，国際化教育を実現し，学生の思考力や行動力を育成することができる授業形態であり，言語習得はその中の重要な要素となる。さまざまな理由で渡航することが困難な場合の手段や，渡航を伴う留学のための準備活動としても，海外渡航のための時間と費用をかけることなく，バーチャルな留学環境を学生に提供できるのが COIL の特徴である。

2.2　日本における COIL 事例

日本での COIL 活動は 2010 年代に関西大学など複数の大学で始まり，2020 年以降には事例報告が少しずつ公開されるようになった。その中からいくつかを列挙したものが表 1 である。上から 8 番目までは日本の大学から情報配信されたもので，9 番目以降は相手国である米国大学からの報告である。

表からわかるとおり，授業名はもちろん，活動期間，提携国，共通言語にいたるまで多岐にわたる。6 番目にあるように，日本国内の大学同士の活動もみられる。右端列の「同期交流」とは，Zoom や Skype などを用いてのリアルタイムでの双方向交流を含んでいることを指し，ほとんどの事例で少なくとも 1 度は同期交流が行われている。

COIL と言語学習の効果については報告が比較的乏しく，今後知見の積み上げがまたれる。表 1 では，下線のついた 5 番と 9 番が主に言語学習の視点から議論されており，次節ではこの 2 つに絞って詳しく紹介する。

4　IIGE（2019), Rubin（2018）より。

表 1　大学での COIL 報告例[5]

	大学名	授業名	交流期間	相手国	共通言語	同期交流
1	関西大学	Global Awareness	4 週	米国	英語・日本語	あり
2	関西大学	Field Based Learning	6 週	米国	英語	あり
3	広島大学	Asian フィールドスタディ	3 ヶ月	カンボジア	(英語)	あり
4	千葉大学	社会科学からみた世界 1		米国	(英語)	あり
5	静岡県立大学	日本語学演習	8 週	米国	英語・日本語	なし
6	静岡県立大学	日本語表現法 I	2 週	日本	日本語	なし
7	京都外国語大学	総合ロシア語		ロシア	ロシア語・日本語	あり
8	和歌山大学	異文化間コミュニケーション共同演習	3 ヶ月	インドネシア	日本語・インドネシア語	あり
9	UNC Charlotte	日本語	15 週	日本	日本語・英語	あり
10	SJSU	日本文化		日本	日本語・英語	あり

3.　言語学習からみた COIL の成果に関する先行研究

3.1　ノースカロライナ大学シャーロット校の報告

ノースカロライナ大学シャーロット校では，日本語クラスが開講されており，履修生のうち 26 人と日本の大学（東北大学）で英語を履修する 26 人の計 52 人が COIL 活動に参加した。ただし，COIL 活動を授業の一環（成績評価の対象）として扱ったのは米国のみであった。米国の大学生は COIL に参加することが義務であったのに対して，日本の大学生は自由意志での参加であった[6]。

5　1 から 4 は IIGE（2020）より，5 と 6 は澤崎（2020）と澤崎・横野（2021）より，7 は菱川（2021），8 は藤山（2021），9 は Kato, Spring, & Mori（2016, 2020），10 は小玉（2018）より引用している。また，表中の空所は不明なもの，（ ）は記述から推察される情報を指す。なお，9 の UNC Charlotte はノースカロライナ大学シャーロット校，10 の SJSU はカリフォルニア州立大学サンノゼ校の略称である。

6　Kato 他（2016）

活動は，日米で 1 対 1 のペアを組み，Skype を用いて最低 30 分の同期会話を週 2 回行うもので，15 週にわたって続けた。会話は英語と日本語の両方を用い，トピックには大学生活や旅行，留学といった日常生活に関する話題があてられた。参加者は，それぞれの目標言語（日本は英語，米国は日本語）で COIL 活動の開始時と終了時にスピーキングとリスニングのテストを受験し，その結果が活動の前後で比較された。すると，15 週間の活動を経て，テストの得点に一定の伸びが確認された。

まず，スピーキングについては，1 分間にいくつの単語を用いたかの「毎分単語数」と，1 回の発言にいくつの単語を用いたかの「平均発話長」という 2 つの点からの比較がなされた。その結果，「毎分単語数」も「平均発話長」も，活動前よりも活動後に単語数が有意に増えていることがわかり，これは日本の大学生も米国の大学生も同様であった[7]。一方，COIL 活動に参加しなかった日米の大学生にも同じテストを行ったところ，COIL 活動に参加した学生のような単語数の伸びは見られなかった。

次に，リスニングについては，活動の前後で得点に有意な伸びがみられたのは日本の大学生のみであった。米国の大学生には，そのような変化は起こらなかった。

上記の結果は，身近な話題について話し合った COIL 活動には言語習得の効果があることを示している。しかし，その一方で，日米間の時差を調整して同期会話を行うことの大変さや，授業活動として参加した米国の学生と自由意志で参加した日本の学生との間に意識や意欲の違いがあり戸惑いの声があがったというような課題もまた報告されている。

この調査から 2 年後にも，同じ大学間で再度 COIL 活動が行われた[8]。活動内容と期間はほぼ同じだが，学生数が 76 人（日本 37 人，米国 39 人）と前回よりも多いことと，活動目的としてペアで協力してホームページを作成するという具体的目標が加わったことなどが異なる点である。そして，15 週間

7　活動前と活動後を国ごとに比較した分散分析の結果は次のとおりである。米国グループの毎分単語数（F (1,37) = 9.9, p = .005），日本グループの毎分単語数（F (1,33) = 13.507, p = .001），米国グループの平均発話長（F (1,37) = 35.69, p < .001），日本グループの平均発話長（F (1,33) = 60.11, p < .001）。

8　Kato 他（2020）

の活動前後のスピーキング力を比べたところ，日本の学生よりも米国の学生に有意な伸びがみられた[9]。しかし，前回の報告ほどの顕著な語学力の向上はどちらのグループからも確認されなかった[10]。

以上，ノースカロライナ大学シャーロット校における 2 つの調査結果を報告した。どちらの調査も，米国の大学生が授業活動の一環であるのに対して日本の大学生は自由意志で COIL 活動に参加している点が共通している。次項では，双方の学生が授業活動の一環として COIL 活動に参加した事例を報告する。

3.2　静岡県立大学の報告①

静岡県立大学の報告①も，前項の事例と同じように日本の大学（静岡県立大学）とノースカロライナ大学シャーロット校との間で行われたものである。シャーロット校の報告と比べて参加人数や活動期間等において規模が小さいが，双方の大学ともに学生は自由意志ではなく授業として COIL 活動に参加している[11]。

参加者は，日本の大学で日本語学ゼミを履修する 11 人と，米国の大学で日本語クラスを履修する 18 人であった。合計 29 人が，日米の大学混合で 4–5 人ごとのグループに分かれて交流した。同期交流は行わず，教育向け動画ツールである Flipgrid とメーリングリストを利用して，動画とテキストによるやりとりを 8 週にわたって続けた[12]。「互いの大学について知る」ことを目的に，授業，キャンパス，学生生活といったことについて英語と日本語の両方を用いてやりとりを行った。

9　例えば，平均発話長を活動前後で比較（t 検定）した結果は，米国グループ（$t\,(25) = 6.44$, $p < .001$），日本グループ（$t\,(10) = 2.13$, $p = .06$）であった。なお，Kato 他（2020）では，リスニング力の報告は行っていない。

10　ただし，前回の報告と Kato 他（2020）は，語学力の計測方法が若干異なっており，結果の単純比較はできない。

11　澤﨑・横野（2021）

12　Flipgrid とは，参加者がインターネット上で画面を共有でき，動画で投稿や返信，コメントを送り合うことができる教育用 SNS である。会話教育を主体とした外国語学習の教材として適している。

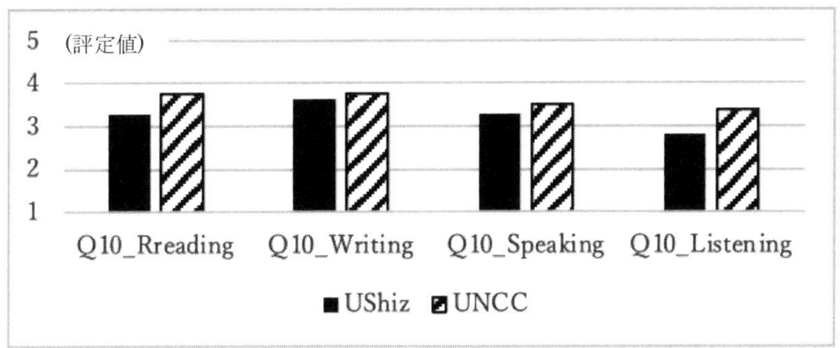

図 1　COIL 活動と目標言語上達の達成感についての結果（参加者 26）[13]

参加者は，活動開始時と終了時に達成感などを問うアンケートに回答している。まず，活動終了時に実施したアンケート調査から，語学力向上に関して一定程度の達成感を感じていたことがわかった。図 1 は，「COIL 活動に参加した結果，目標言語の技能が上がったと思うか？」という質問に対して，1（全くそう思わない）から 5（強くそう思う）の間で評定された平均値を表しており，評定の 3 は「どちらでもない」にあたる [14]。この結果から，日本と米国の間で達成感に違いはなかったが，Reading/Writing/Speaking/Listening といった 4 技能間では違いが見られ，Listening に比べて Writing 能力の向上を有意に感じていることがわかった [15]。つまり，COIL 活動で聴解力の伸びはあまり感じなかったが書く力は伸びていると実感していたということである [16]。この他にも，日本の学生が配信した英語によるメール文を分析したところ，メールを新しく書くたびにメール文が長く（単語数が多く）なっていく傾向も見られた。

さらに，活動開始前と終了後に日本の学生のみに対して行った心的態度の

13　澤崎・横野（2021）の図 4（p. 103）より。UShiz は静岡県立大学を，UNCC はノースカロライナ大学シャーロット校を指す。なお，表中の “Rreading” は “Reading” の誤りであるが，原典のまま記載した。

14　目標言語は，日本の大学生にとっては英語であり，米国の大学生にとっては日本語にあたる。

15　分散分析の結果，4 技能間の主効果が見られ（F (3,75) = 5.759, p = .001），多重比較では Listening と Writing の間にのみ違いが見られた（p = .007）。

16　実際に言語テストを行ってはおらず，参加者の内省にもとづく回答結果であった。

アンケートについても報告されている（図 2）。

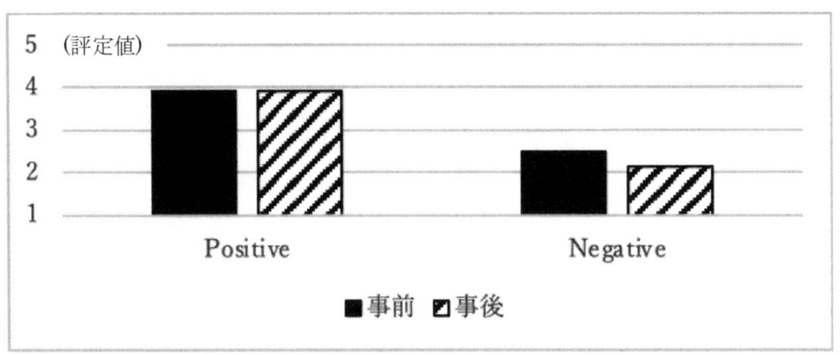

図 2　静岡県立大学生の活動前後における心的態度比較（参加者 11）[17]

心的態度とは，「面白そう」「自分のためになる」など 5 つの肯定的（positive）態度と，「やりたくない」「不安だ」など 5 つの否定的（negative）態度からなる。調査の結果，肯定的態度が圧倒的に強く，否定的態度が弱かった。また，否定的態度は，「不安だ」という気持ちが特に強かったが，活動前と活動後を比べると全体的な否定的態度は有意に弱くなっていることがわかった[18]。

静岡県立大学の報告①は，以上のような結果を COIL 活動の成果として示す一方で，活動を長期に続けた場合も同じ成果が得られるのかという疑問も提示している。ここでの参加者はみな，初めて COIL を経験した学生であった。1 学期限りの COIL を初めて経験する身にとっては，全ての活動が新鮮で刺激的に映り，そのことが高い達成感につながった可能性もある。しかし，もし学期を越えて COIL を繰り返し経験することになった場合にも，学生たちの達成感は同じように持続するだろうか。こういったことを踏まえ以下では，COIL を 2 年連続して実施した結果を，静岡県立大学の報告①と比較しながら論じたい。

17　澤﨑・横野（2021）の図 7（p. 106）より。

18　分散分析の結果，事前・事後の主効果（F (1,100) = 4.237, p = .042）と否定的質問項目の主効果（F (4,100) = 7.482, p < .001）が確認された。しかし，交互作用はみられなかった（F (4,100) = 1.237, p = .285）。

4. 静岡県立大学の報告②（初回 COIL との比較）

4.1 目的

前節では，日米の大学間による COIL 活動の成果を先行研究から報告した。学生は，授業とは関係なく自由意志で参加した場合も，授業の一環として義務的に参加した場合も，言語学習に関して一定の効果があることがうかがえた。しかし，学生たちはみな，1 度限りの COIL 体験であった。本節では，COIL が 2 回目の参加者を加えて活動を実施し，その結果を静岡県立大学の報告①と比較する。

4.2 参加者

日本（静岡県立大学）と米国（ノースカロライナ大学シャーロット校）の大学生 31 人が COIL 活動に参加した。静岡県立大学は，日本語学ゼミを履修する 13 人からなり（アジアからの留学生 5 人を含む）[19]，全員が過去に COIL 活動を経験済みであった。13 人中 6 人は前回の報告①の活動にも参加しており，残りの 7 人は他の授業で COIL 活動を経験していた。シャーロット校は，2 年生レベルの日本語を履修する 18 人からなる英語母語話者であった。COIL 活動への参加は全員が初めてであった。

4.3 活動の実施方法

今回と前回の調査結果の類似点と相違点がわかるように，表 2 でふたつの活動の実施内容を比較する。双方の活動で重複する内容が多いが，相違する部分は下線を引いて示した。

19　留学生にとっては日本語も英語も目標言語であった。

表 2　活動内容の比較

	初回 COIL	2 回目 COIL
大学	静岡県立大学 / ノースカロライナ大学シャーロット校	静岡県立大学 / ノースカロライナ大学シャーロット校
科目名	日本語学ゼミ / 日本語 2 年生	日本語学ゼミ / 日本語 2 年生
目標言語	英語 / 日本語	英語 / 日本語
履修者数	11 人 / 18 人（計 29 人）	13 人 / 18 人（計 31 人）
COIL 経験	なし	日本：あり / 米国：なし
使用言語	英語と日本語を週毎に交替	英語と日本語を週毎に交替
期間	2019 年 10 月～ 11 月の 8 週間	2020 年 10 月～ 12 月の 10 週間
ツール	Flipgrid・メーリングリスト	Padlet・Zoom 等[20]
方法	非同期交流のグループ活動 最終週にプレゼン（非同期）	非同期交流のグループ活動， 学期中 2 度の同期交流 最終週にプレゼン（非同期）
トピック	互いの大学について知る	新型コロナの学生生活への影響

共通点は，どちらも静岡県立大学（日本語学ゼミ）とノースカロライナ大学シャーロット校（2 年生レベル日本語クラス）の交流であり，履修者数も学生の属性も 2 つの活動間で大差がない。また，非同期型の交流を主軸としており，決められたトピックのもとで使用言語の英語と日本語を週毎に交替させながらグループ間で意見交換を行っている。

相違点はいくつかあるが，主なものとしては，初回 COIL は 2019 年に行われ全員が COIL 未経験であったのに対し，今回の調査（2 回目 COIL）は 2020 年に行われ日本の大学生は COIL 経験者であった点である（ただし米国の大学生は未経験）。さらに，活動期間が 2 回目 COIL の方が 2 週間長かったことと，初回 COIL では非同期交流のみであったのに対し，2 回目 COIL では Zoom 等を用いて 2 度の同期交流（会話）を行っている点にも違いがある。ツールの Flipgrid と Padlet は，どちらも教育目的で広く使用されている

20　Padlet とは，オンライン掲示板のようなもので，参加者がひとつの画面にテキスト情報を書き込んだり，画像や動画を投稿することができる教育用 SNS である。多様な教科で利用できる学習教材といえる。Flipgrid については注 12 を参照。

オンラインツールであるが，Flipgrid は動画投稿により適しており，Padlet はテキストや画像など目的に応じて自由に投稿が可能な点が異なる[21]。

4.4　アンケート調査

参加者は，静岡県立大学の報告①と同様，活動開始時と終了時に達成感などを問う 2 つのアンケートに回答した。ここでは，前回の調査と共通するアンケートの設問について報告する。

1 つめのアンケートは，目標言語が上達したかどうか（上達度の達成感）を問うもので，COIL 活動の終了後にのみ実施した。(2) に示すとおり，4 技能（Reading/Writing/Speaking/Listening）のそれぞれについて，「強くそう思う（Strongly Agree）」から「全くそう思わない（Strongly Disagree）」までの 5 段階で学生自身の内省にもとづき回答した。

(2)　Do you think your target language skills improved as a result of your participation in this project?（この活動に参加した結果，目標言語の力が向上したと思いますか？）

a.　Reading
b.　Writing
c.　Speaking
d.　Listening

回答：Strongly Agree / Agree / Neutral / Disagree / Strongly Disagree

2 つめのアンケートは，COIL 活動についてどのように感じたか（心的態度）を問うもので，活動の開始前と終了後の 2 回にわたって実施した。質問は全部で 10 問あり，(3) に示すとおり，肯定的心的態度に関する 5 つの質問と，否定的心的態度に関する 5 つの質問からなる。

(3)　活動前：これから約 2 ヶ月にわたって COIL 活動を行います。あなたの今の気持ちを教えてください。

21　ただし，どちらの交流でも主となったのはテキストによる交流であった。

活動後：約2ヶ月にわたりCOIL活動を行ってきました。あなたの今の気持ちを教えてください。

a. 肯定的（positive）心的態度
面白そうだ・楽しみだ・自分のためになると思う・何かを学ぶ良い機会だと思う・自分にとって必要だと思う

b. 否定的（negative）心的態度
つらい・できればやりたくない・自分に向いていないと思う・不安だ・面倒くさい

回答：強くそう思う / そう思う / どちらでもない / あまりそう思わない / 全くそう思わない

活動前と活動後の質問内容は同じだが，「面白そうだ」を活動後アンケートでは「面白かった」に変えるなどの表現の調整を行っている。

4.5　調査結果

ここでは，COIL活動参加者の「上達度の達成感」と「心的態度」について，初回COILと2回目COILの結果を比較しながら提示する。

4.5.1　上達度の達成感

活動を終えた時点での参加者が感じた上達度の達成感について，まず日本の大学生の結果を示す。図3-1は英語力の達成感を初回COILと2回目COILとの間で比べたものである。縦軸の評定値（平均値）は，「強くそう思う」を5,「全くそう思わない」を1として数字に置き換えている。評定値の3が「どちらでもない」なので，4や5をつけた学生は上達度の達成感が高かったことになる。

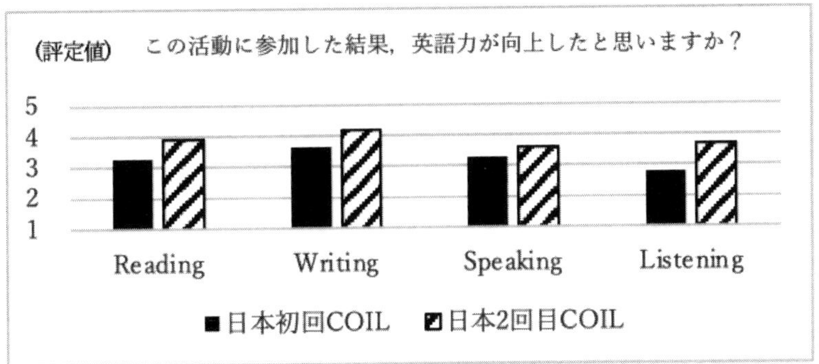

図 3-1　英語力上達度の達成感比較（日本：参加者 23）

比較の結果，Reading の達成感が 3.27 から 3.92 に上昇し，Listening も 2.82 から 3.67 に上昇しており，どちらも有意な伸びであった[22]。しかし，Writing と Speaking については統計的な違いは見られなかった。また，評定値をみると，高評定（4 以上）に達したのは 2 回目 COIL の Reading と Writing だけであった。

そこで，4 または 5 の高評定をつけた参加者の割合を初回 COIL と 2 回目 COIL で比較してみた（図 3-2）。図 3-2 をみると，Speaking 以外の 3 技能については，明らかに 2 回目 COIL での高評価の比率が高くなっているのがわかる。これらのことから，COIL 経験者の方が，Reading と Writing と Listening において英語の上達をより強く感じたといえるだろう。

22　2 つの調査と 2 つの国，そして 4 技能を変数とした分散分析を行った結果，調査（F (1.51) = 3.355, p = .073）と国（F (1.51) = .082, p = .776）の主効果は見られなかったが，技能（F (3.153) = 5.821, p < .001）の主効果が有意であった。また，調査 × 国 × 技能の交互作用も見られた（F (3.153) = 2.678, p = .049）。本節で以下に示す詳しい結果は，全てその単純主効果を報告したものである。

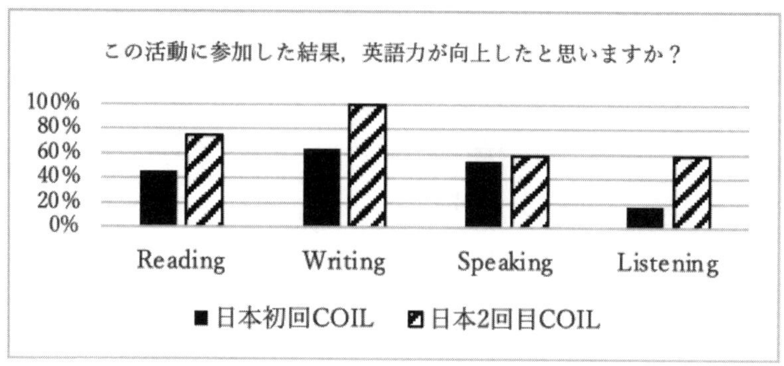

図 3-2　高評定をつけた参加者の比率（日本：参加者 23）

しかし，米国の大学生は，日本の大学生とは少し異なっていた（図 4-1 と図 4-2）。図 4-1 を見ると，Reading の達成感が 3.75 から 3.00 に下降しており，2 回目の方が上達度の達成感が有意に低かった。Reading 以外の技能については，2 つの調査の間に統計的な違いは見られなかった。

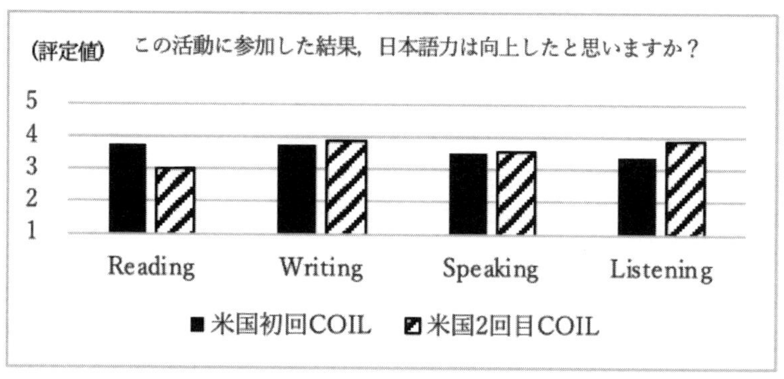

図 4-1　日本語力上達度の達成感比較（米国：参加者 35）

また，4 または 5 の高評定をつけた参加者の比率を初回 COIL と 2 回目 COIL で比較したところ（図 4-2），Listening 以外では高評価の伸びが確認できず，Reading に関しては，2 回目 COIL で高評価をつけた参加者が 1 人もいなかった。これらのことから，初回 COIL でも 2 回目 COIL でも COIL 未経験者である米国の学生の場合は，語学力上達の達成感の違いが日本の学生のようには現れていないことがわかる。

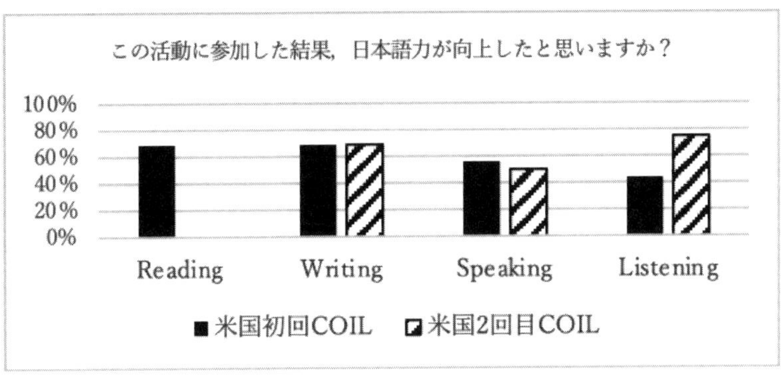

図 4-2　高評定をつけた参加者の比率（米国：参加者 35）

4.5.2　心的態度

心的態度については，初回 COIL では日本の学生のみがアンケートに回答していた。2 つの調査の比較ができるように，ここでも日本の参加者の結果のみをとりあげる。図 5-1 は肯定的心的態度の結果で，図 5-2 は否定的心的態度の結果である。前回と同様，縦軸の評定値は，「強くそう思う」を 5，「全くそう思わない」を 1 として数字に置き換えている。

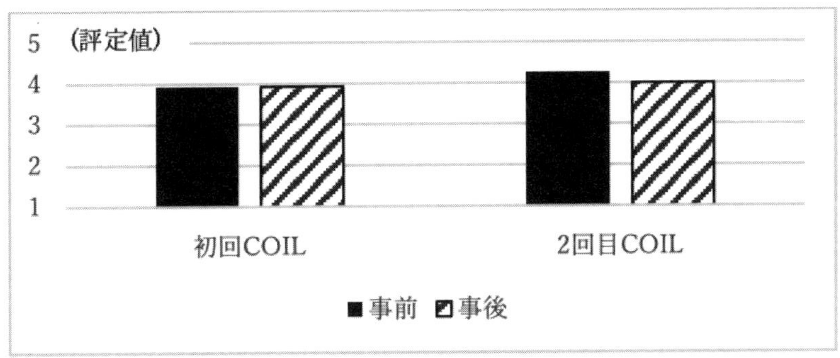

図 5-1　活動前後における肯定的心的態度比較（日本：参加者 23）

比較の結果，肯定的心的態度については平均評定値がどれも 4（=「そう思う」）前後と高い値となっており，どちらの活動でも事前と事後で統計的な違いはなかった[23]。

一方，否定的心的態度をみると，双方とも平均評定値が2（=「あまりそう思わない」）から3（=「どちらでもない」）の間を推移しており，低い値となっている。事前と事後の否定的心的態度を比較すると，初回COILでは事前から事後にかけて平均値が2.41から2.14へと有意に下がっていた。ところが，2回目COILでは平均値が2.46から2.80へと有意に上がっており，事後に否定的態度の度合いが増える結果となった。

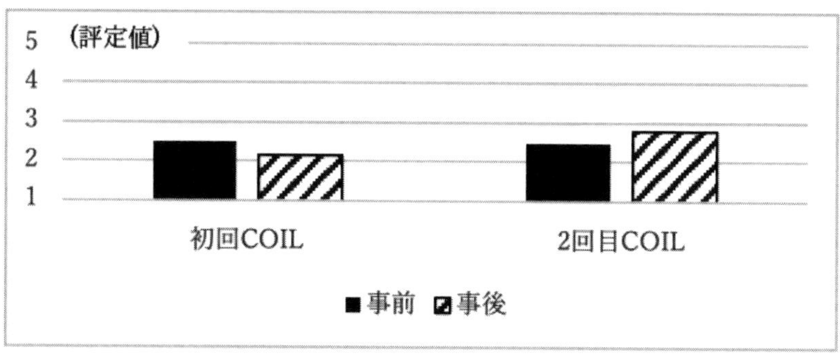

図5-2　活動前後における否定的心的態度比較（日本：参加者23）

否定的心的態度の結果を詳しく見てみたところ，（3b）で示した5つの質問のうち，初回COILでは特に「不安だ（不安だった）」への回答が事前から事後にかけて3.63から2.72へと有意に下がっていた。それに対し，2回目COILでは，「つらい（つらかった）」への回答が1.92から3.16へと有意に上昇していたことが，ふたつの調査結果が反対となった原因であることがわかった[24]。

23　2つの調査と肯定・否定的態度，そして事前・事後を変数とした分散分析を行った結果，調査（F (1.462) = 10.224, p = .001）と態度（F (1.462) = 361.292, p < .001）の主効果はあったが，事前・事後（F (1.462) = .590, p = .443）の主効果は見られなかった。また，調査×態度×事前・事後の交互作用が見られた（F (1.462) = 8.018, p = .005）。以下に示す詳しい結果は，その単純主効果を報告したものである。

24　2つの調査と事前・事後，そして各質問を変数とした分散分析を行った結果，調査（F (1.430) = 13.176, p < .001）と質問（F (1.430) = 66.029, p < .001）の主効果はあったが，事

5. 考察

本章では，COIL 活動が初めての参加者と，COIL 活動の経験者を含む 2 回目 COIL の調査参加者を比較しながら，語学力の達成感と心的態度について調査した。その結果，英語を目標言語とする日本の学生は，Reading や Writing, Listening の達成感が初回 COIL よりも 2 回目 COIL で上昇していることがわかった[25]。その一方で，心的態度については，初回 COIL では「不安」という気持ちが減少していたのに対し，2 回目 COIL では「つらい」という気持ちが増加する結果となった。

このことは，2 学期以上にわたり長期的に COIL 活動を続けている経験者の方が，語学力の上達感を得やすい可能性を示唆している。しかし，長期的に COIL 活動を続けることで精神的な疲弊も起こりやすく，そのため「つらい」という思いが強まるのかもしれない[26]。反対に, COIL を初めて体験する学習者にとっては，語学上の達成感は得にくい代わりに，非日常的なイベントに参加しているという高揚感のようなものから，活動が進むにつれて否定的心的態度（不安感）が下がる傾向があるといえる。

本章の結果を説明するもうひとつの理由として，2 回目 COIL の方が 2 週間ほど活動期間が長く，同期会話も含んでいたということが考えられる。つまり，活動量が多いゆえに，英語が上達している達成感を生んだものの，それと同時に「つらい」という否定的心的態度にもつながった可能性がある。本章のデータから，これら 2 つの理由のどちらも関係しているのか，あるいはどちらか一方がより強い要因なのかを断定することは困難である。

しかし，米国の学生の結果を照らし合わせてみると，活動が 2 週間長いことよりも，今回の日本の参加者が 1 学期分長く COIL 活動を経験していることの方が，結果の違いの理由としてより説得力を持つように見える。日本語

前・事後（F (1.430) = .760, p = .384）の主効果は見られなかった。また，調査 × 事前・事後 × 質問の交互作用が見られた（F (9.430) = 2.009, p = .028）。ここに示した結果は，その単純主効果を報告したものである。

25　Speaking で達成感の上昇が確認されなかったのは，注 21 にあるように，本活動がテキスト交流を主としていたことによると思われる。しかし，Listening の達成感は上昇しており，今後活動内容を詳しく比較して分析することが必要であろう。

26　ただし，「つらい」と感じた参加者の達成感は実際どうであったのかというような質的な分析をここでは行っておらず，今後より詳細な分析が望まれる。

を目標言語とした米国の学生は，初回 COIL でも 2 回目 COIL においても，COIL 未経験者であった。そして，日本の学生に見られたような語学力の達成感が 2 回目 COIL の学生からは確認できなかった。もし，2 回目 COIL の活動量の長さが結果に関係しているのであれば，米国の学生にも日本の学生と同じような達成感の上昇が期待できるはずである。つまり，活動の長さ以外の要因がここでの結果により関係していると思われる。

6. おわりに

本章では，異文化間の授業提携の形である COIL 活動を取り上げ，COIL 活動が言語学習に及ぼす可能性について論じた。まずこれまでの報告から，COIL 活動は言語学習に一定の効果をもたらすことを述べた。そして，COIL 未経験者のグループと COIL 経験者のグループのアンケート結果を比較することで，学期を越えて COIL 活動を長期的に継続すると，言語能力上達の達成感が得やすい可能性を示した。その一方で，活動を続けることで学習者の疲弊感が高まる可能性もみえた。これらは，COIL 活動と言語学習との関係について意義のある報告といえる。

ただし，これらの結果には若干の注意も必要である。まず，本章で示したデータはすべて学習者の内省をもとにしたものであり，語学力の変化を客観的に測ったものではない。さらに，初回 COIL と 2 回目 COIL には COIL 経験の有無以外にもいくつか違いがあり，COIL 経験の有無だけが決定要因であると断定はできない。また，日本の学生は英語授業を履修していた訳ではなく（日本語学の授業だった），英語力向上が授業の主目的ではなかったことも，結果に影響を与えた可能性がある。語学クラスで長期的に COIL 活動を継続した場合，異なる効果が観察されるかもしれない。

COIL 活動と言語学習の効果についての研究は歴史が浅く，知見も乏しい。ここで取り上げたような研究を蓄積させていくことにより，COIL 活動の効果について，議論がますます深まっていくことが望まれる。

【外国語教育に関わる人が知っておくべきポイント】

・COIL は，Collaborative Online International Learning の略称で，2006 年に米国で始まった。その後欧米で発展し，バーチャルエクスチェンジ（Virtual

Exchange）のひとつとして広がりつつある教育方法である。

- COIL で重要なことは，異なる場所の授業同士が ICT ツールでつながり，学生同士の協働学習がおこるような場が一定期間提供されることである。
- COIL には決まったやり方がある訳ではない。授業に適したツールを選び，授業内容に合わせて同期交流と非同期交流を組み合わせることができる。
- 異なる国の間の COIL だけでなく，国内間でも COIL が可能である。
- COIL は言語教育以外に，国際化教育やキャリア支援活動，各分野の専門教育を深めるという幅広い目的に沿うものである。

【執筆者から読者へのメッセージ】

COIL 活動は，移動のための時間や交通費をかけずに疑似留学体験を味わうことができるという利点がある。初めは遠慮して発言を躊躇していた学生が，慣れるにしたがってリーダーシップを発揮し，期待以上の活動成果を見せることがある。また，COIL 活動がきっかけとなって留学を決意するなど，さらなる学びに発展することもあり，教育上多くの可能性を秘めた活動といえる。

その一方で，活動を準備し，継続させていくためには，教員も一定の時間を費やして作業することが求められる。COIL 活動中は，計画どおりに進まないことや，学生同士の交流が思ったほど活発化しないこともあるため，その都度柔軟に対応していく必要がある。COIL を初めて計画する場合は，双方の授業にとって無理のない活動からスタートし，学期を経るごとに活動の密度を増やしていくとよいだろう。

付　記

本章は Mori & Sawasaki（2021）をもとに，さらに新たな情報と分析を加えて発展させたものである。本章に必要な情報の提供に快く応じて下さった横野由起子氏と，草稿の段階で有益な助言を下さった編集者の諸氏に謝意を表する。なお，本研究は静岡県立大学令和 2 年度教員特別研究推進費の助成を受けている。

参照文献

藤山一郎（2021）.「日本・インドネシア間における COIL 型授業の実践と課題」『和歌山大学クロスカル教育機構研究紀要』*2*, 108–118. https://doi.org/10.19002/AA12815903.2.108

菱川邦俊（2021）.「日露間における COIL 型授業の実践―京都外国語大学・モスクワ市立大学『日露共同授業』を例に―」『ユーラシアへのまなざし』*1*, 49–58.

IIGE.（2019, October）. *I-Paper*. Kansai University.

IIGE.（2020, September）. *I-Paper*. Kansai University.

池田佳子（2016）.「『バーチャル型国際教育』は有効か―日本で COIL（Collaborative Online International Learning）を遂行した場合―」『留学交流』*67*, 1–11.

Kato, F., Spring, R., & Mori, C.（2016）. Mutually beneficial foreign language learning: Creating meaningful interactions through video-synchronous computer-mediated communication. *Foreign Language Annals*, *49*（2）, 355–366. https://doi.org/10.1111/flan.12195

Kato, F., Spring, R., & Mori, C.（2020）. Incorporating project-based language learning into distance learning: Creating a homepage during computer-mediated learning sessions. *Language Teaching Research*, 1–21. https://doi.org/10.1177/1362168820954454

小玉安恵（2018）.「オンラインによる異文化間協働型の日本文化の授業 COIL の試み―異文化間で活躍できる人材の育成をめざして―」『日本語教育』*169*, 93–107. https://doi.org/10.20721/nihongokyoiku.169.0_93

Mori, C., & Sawasaki, K.（2021）. *Virtual exchange using Padlet: What did we learn from this exchange?* [Virtual conference session]. 2021 Annual Southeastern Association of Teachers of Japanese（SEATJ）Conference, North Carolina State University.

Rubin, J.（2018）. *Jon Rubin on COIL*. NAFSA Global Learning Podcast, Episode 2. https://www.nafsa.org/professional-resources/learning-and-training/architecture-global-learning

澤﨑宏一（2020）.「静岡県立大学 US-COIL のとりくみ―日本語 COIL と国内 COIL―」『留学交流』*115*, 1–6.

澤﨑宏一・横野由起子（2021）.「海外日本語クラスとの COIL 型授業交流―2019 年度 UNC Charlotte との日本語 COIL―」『国際関係・比較文化研究』*20*（1）, 95–112.

執筆者一覧（執筆順）

杉浦香織（すぎうら　かおり）
立命館大学 理工学部 教授

田村知子（たむら　ともこ）
愛知教育大学 非常勤講師

大瀧綾乃（おおたき　あやの）
静岡大学 教育学部 講師

中川右也（なかがわ　ゆうや）
三重大学 教育学部 准教授

箱﨑雄子（はこざき　ゆうこ）
大阪教育大学 教育学部 教授

吉田龍弘（よしだ　たつひろ）
焼津市立大井川中学校 教諭

白畑知彦（しらはた　ともひこ）
静岡大学 教育学部 教授

今井隆夫（いまい　たかお）
南山大学 外国語学部 教授

大山　廉（おおやま　れん）
茨城大学 全学教育機構 助教

澤﨑宏一（さわさき　こういち）
静岡県立大学 国際関係学部 教授

森千加香（もり　ちかこ）
ノースカロライナ大学シャーロット校 教養学部 講師

編者
大瀧綾乃（おおたき あやの） 静岡大学 教育学部 講師
須田孝司（すだ こうじ） 静岡県立大学 国際関係学部 教授
横田秀樹（よこた ひでき） 静岡文化芸術大学 文化政策学部 教授
若林茂則（わかばやし しげのり） 中央大学 文学部 教授

［シリーズ編者］大瀧綾乃・須田孝司・中川右也・横田秀樹・若林茂則

第二言語習得研究の科学 2　言語の指導

初版第 1 刷 ———2023年 3月30日

編　者————大瀧綾乃・須田孝司・横田秀樹・若林茂則

発行人————岡野秀夫
発行所————株式会社 くろしお出版
〒102-0084 東京都千代田区二番町4-3
［電話］03-6261-2867 ［WEB］www.9640.jp

印刷・製本 シナノ書籍印刷　装 丁 井之上 聖子

Printed in Japan
ISBN978-4-87424-937-6 C3080